Platone
Simposio

A cura di
Salvatore Primiceri

Traduzione di
Emidio Martini

LIBRI DELL'ARCO

RIMINI

2023 Tutti i diritti riservati
Finito di stampare nel mese di ottobre 2023
presso Rotomail Italia Spa – Vignate (MI)
per conto di Libri dell'Arco - Rimini
Prima Edizione
ISBN 979-12-80625-89-2
www.libridellarco.it

INDICE

In memoria di Emidio Martini[1]

Nota dell'editore alla nuova edizione dei
Dialoghi di Platone

Nel percorso di ricerca qualitativa che caratterizza le proposte editoriali di Libri dell'Arco non poteva mancare la pubblicazione dei "*Dialoghi Socratici*" di Platone, per molti e non a torto considerato il più grande e influente filosofo di ogni tempo. Ma il segno distintivo di questa riedizione, suddivisa in vari e autonomi volumi, per il quale riteniamo necessario spendere alcune parole, riguarda l'opera del traduttore. Abbiamo, infatti, scelto di riproporre le traduzioni di Emidio Martini, eminente filologo e grecista nato a Napoli il 9 novembre 1852 e ivi spentosi il 1° febbraio 1940. Le motivazioni di tale scelta sono molteplici, prima fra tutte l'eleganza stilistica, la chiarezza e la accuratezza delle traduzioni, le quali permangono ancora oggi un punto di riferimento importante sia per studenti e appassionati che per studiosi accademici. In secondo luogo, Emidio Martini è stato un protagonista culturale di indubbie qualità morali, a cui vale certamente la pena rendere memoria e

---

[1] Le notizie biografiche su Emidio Martini sono state tratte dall'introduzione di Domenico Bassi apparsa in Platone, *La Repubblica*, Paravia, Torino 1940; e dall'introduzione di Giuseppe Pugliese Carratelli apparsa in Platone, *Tutte le opere*, Sansoni, Firenze 1989.

onore. Il suo amico e collaboratore Domenico Bassi non esitò a definire Martini *"un uomo vissuto di umanesimo e di bontà, di nobili e liberali sentimenti, di grande onestà, di insuperabile rettitudine"*.

Laureato in giurisprudenza e in lettere presso l'Università di Napoli, dove ebbe come maestri Luigi Settembrini e Francesco De Sanctis, Emidio Martini si perfezionò in greco e in paleografia presso l'Istituto di Studi Superiori di Firenze, allievo di Domenico Comparetti. Entrato per tempo nella carriera delle Biblioteche, giunse ben presto meritatamente al grado più alto. Successivamente fu prefetto della Biblioteca Nazionale di Palermo, della Nazionale di Milano (Braidense), della Universitaria e della Nazionale di Napoli. Delle quattro Biblioteche si rese benemerito in sommo grado per l'opera sempre fattiva, illuminata, sagace e per il suo altissimo senso del dovere. Fu più volte membro della Giunta consultiva delle Biblioteche. Dal 1920 al 1923, quando per i limiti di età e di servizio venne collocato a riposo, coprì la carica di sopraintendente bibliotecario per la Campania e la Calabria, e nel 1929 fu nominato ispettore onorario bibliografico per il Comune di Napoli. Libero docente in paleografia greca, ebbe nel 1914 l'offerta di una cattedra, da istituirsi ex-novo, di questa materia, all'Università di Napoli, ma non l'accettò, non volendo lasciare la Biblioteca. Era socio ordinario residente della R. Accademia di

Archeologia, Lettere e Belle Arti di Napoli, della quale fu anche Presidente, membro della Pontaniana e socio corrispondente del R. Istituto Lombardo di Scienze e Lettere. Cavaliere Ufficiale dell'Ordine dei SS. Maurizio e Lazzaro e Grand'Ufficiale dell'Ordine della Corona d'Italia. Durante il periodo di riposo tradusse tutti i dialoghi platonici tranne *Le Leggi* e la raccolta delle *Lettere*, per i quali non fece in tempo. *La Repubblica* venne pubblicata postuma curata da Bassi.

Eccellente grecista e valentissimo paleografo, conosceva a perfezione anche la letteratura bizantina. Pubblicò carmi inediti del poeta bizantino del secolo XIV Manuel File, in una edizione critica lodatissima anche in Germania, e in note accademiche e in miscellanee in onore di vari dotti, buoni studi intorno ad altri scrittori bizantini. Descrisse i manoscritti greci esistenti nelle Biblioteche della Lombardia, dell'Emilia, della Liguria, nella Nazionale di Palermo, nella Biblioteca dei Gerolamini di Napoli, nella Vallicelliana di Roma, in tre volumi (1893-1902), valendosi della collaborazione del buon e amico di vecchia data Domenico Bassi. Insieme descrissero, in dieci anni di lavoro ininterrotto, i codici greci, ben 1093, della Biblioteca Ambrosiana di Milano. Si tratta del celebre *Catalogus Codicum Graecorum Bibliothecae Ambrosianae*, che fu premiato dall'Accademia dei Lincei col premio reale per la filologia nel 1910. Sempre insieme a Bassi, Martini collaborò al *Catalogus Codicum*

Astrologorum Graecorum del Cumont e al *Catalogue des Manuscrits Alchimiques Grecs*, del Bidez, del Cumont e di altri. Martini e Bassi tradussero, con loro aggiunte, anche il *Vocabolario greco-tedesco* del Gemoll, Curarono, inoltre, nuove edizioni sempre arricchite, della *Letteratura Greca* di Vigilio Inama.

Il suo carattere morale fu pari all'ingegno e alla dottrina; e come il filologo e paleografo sottile e rigoroso si sia volto a Platone si spiega bene con quel che ha scritto Benedetto Croce, a lui legato da antica amicizia, nella prefazione ad un altro imprevedibile saggio dell'intellettuale finezza del Martini, la traduzione in versi del *Giulio Cesare* di Shakespeare (pubblicata postuma nel 1941): "*Parco nel suo dire, schivo di esterne manifestazioni, egli in mezzo alle guerre e alle rivoluzioni dei giorni nostri ardeva di passione per le sorti civili dell'umana società*". Lo storico napoletano Giuseppe Pugliese Carratelli, scomparso nel 2010, già curò nel 1974, una raccolta di tutti i dialoghi tradotti da Emidio Martini e motivò così la sua scelta: "Chi scrive ha letto la versione martiniana dei dialoghi platonici per indicazione di Benedetto Croce; e per averla riconosciuta di esemplare attenzione e singolare limpidezza , e degna dell'originale, ne ha suggerito la stampa ed ora è grato all'Editore per l'adesione alla proposta, e certo che non meno grati saranno i lettori".

Siamo pertanto convinti che lo stesso spirito che indusse a suo tempo Carratelli a riproporre i dialoghi platonici tradotti da Martini, possa essere da noi umilmente rinnovato attraverso la pubblicazione della presente collezione inserita nella collana "Gli Archetti" di Libri dell'Arco. Tale opera di recupero e rinnovazione vuole quindi significare sì un omaggio a Platone e all'immensità e contemporaneità del suo pensiero, ma anche (e soprattutto) un doveroso tributo al suo miglior traduttore, Emidio Martini, uomo fortemente convinto che la cultura sia il seme di miglioramento della società. Per questo motivo, cercando di onorare al meglio il nostro ruolo di operatori culturali prima che imprenditoriali, non possiamo esimerci dall'avere a cuore, come Martini, "le sorti della civili della società umana" e per questo siamo orgogliosi di riproporvi pagine bellissime, sempre eterne, fonti inesauribili di conoscenza e educazione.

Grazie a Emidio Martini e buona lettura!

Salvatore Primiceri

Rimini, agosto 2023

Elenco dei dialoghi in ordine cronologico

I dialoghi senza alcuna nota sono generalmente riconosciuti autentici. La nota (1) indica il mancato consenso generale che l'opera sia effettivamente di Platone, mentre la nota (2) indica l'opinione comunemente accettata dagli studiosi che Platone non ne sia l'autore.

DIALOGHI GIOVANILI

scritti dopo la morte di Socrate e i viaggi in Italia, fino alla fondazione dell'Accademia (395-387 a.C.). Generalmente sono dialoghi diretti: *Apologia di Socrate - Critone - Ione - Eutifrone - Carmide - Lachete - Liside - Alcibiade primo (1) - Alcibiade secondo (1) - Ippia maggiore (1) - Ippia minore (1) - Menesseno - Protagora - Gorgia*

DIALOGHI DELLA MATURITA'

(a) scritti dopo la fondazione dell'Accademia (388-368 a.C.). Generalmente sono dialoghi narrati, da Socrate o altri: *Clitofonte (1) - Menone - Fedone - Eutidemo - Simposio - La Repubblica - Cratilo*

(b) scritti in una fase avanzata (368-365 a.C.), preludono ai grandi dialoghi dialettici. Platone torna al dialogo diretto: *Fedro - Parmenide - Teeteto*

DIALOGHI DIALETTICI

scritti nell'ultima fase della vita di Platone (365-347 a.C.): *Sofista - Politico - Timeo - Crizia - Filebo - Leggi*

DIALOGHI SPURI

(a) considerati non autentici fin dall'antichità: *Demodoco (2) - Sulla giustizia (2) - Sulla virtù (2) - Sisifo (2) - Erissia (2) - Assioco (2)*

(b) ritenuti apocrifi dagli studiosi moderni: *Alcibiade secondo (2) - Amanti (2) - Ipparco (2) - Minosse (2) - Teage (2) - Epinomide (2)*

Dall'interpretazione tradizionale si discosta Charles H. Kahn, secondo il quale non vi sono basi per poter datare con sicurezza i dialoghi di Platone, considerato che essi sono il risultato di successive revisioni operate dall'autore durante tutta la vita. Pertanto, Kahn propone di suddividere i dialoghi in tre gruppi, partendo da considerazioni stilistiche e senza alcuna pretesa di fornire un ordine cronologico: il primo gruppo (suddiviso a sua volta in 6 sottogruppi) è costituito dai dialoghi che segnano il percorso verso La Repubblica, dialogo che a sua volta apre il secondo gruppo, e a seguire il terzo, composto dai dialoghi dialettici.

Apologia e Critone; Ione e Ippia minore; Gorgia e Menesseno; Lachete, Carmide, Eutifrone e

Protagora; Menone, Liside ed Eutidemo; Simposio, Fedone e Cratilo

Repubblica, Fedro, Parmenide, Teeteto

Sofista, Politico, Filebo, Timeo, Crizia, Leggi

In base alle indicazioni fornite dallo stesso Platone, si può ricostruire una sequenza parziale dei dialoghi descritta di seguito: Teeteto, Eutifrone, Sofista, Politico, Apologia, Critone e Fedone, che dovrebbero essere tutti ambientati nell'anno 399 a.C. L'Eutifrone si svolge nello stesso giorno del Teeteto, prima della morte di Socrate, mentre il Sofista si svolge fra gli stessi personaggi con la rilevante aggiunta dello "Straniero di Elea" e contiene un riferimento al patto orale del giorno prima. Platone indica anche che il Politico segue immediatamente al Sofista, mentre gli ultimi tre sarebbero ambientati nelle due settimane successive. Non sono chiare le ragioni per cui Platone abbia datato così il Timeo e i due dialoghi dialettici ponendoli in un momento delicato della vita di Socrate, cioè dal giorno in cui egli si reca per ricevere la notifica dell'accusa a poco prima del processo che lo condanna a morte.

Ordinamento in tetralogie

Il grammatico Trasillo, nel I secolo d.C., seguendo un'affinità di argomento, ordinò le opere platoniche in gruppi di quattro:

Eutifrone, Apologia di Socrate, Critone, Fedone

Cratilo, Teeteto, Sofista, Politico

Parmenide, Filebo, Simposio, Fedro

Alcibiade primo, Alcibiade secondo, Ipparco, Amanti

Teage, Carmide, Lachete, Liside

Eutidemo, Protagora, Gorgia, Menone

Ippia maggiore, Ippia minore, Ione, Menesseno

Clitofonte, La Repubblica, Timeo, Crizia

Minosse, Leggi, Epinomide, Lettere

Altre opere spurie sono:

Definizioni, Sulla giustizia, Sulla virtù, Demodoco, Sisifo, Erissia, Assioco, Alcione, Epigrammi.

Ordinamento in trilogie

Una diversa e più antica classificazione risale ad Aristofane di Bisanzio (III secolo a.C.), che ordinò le opere platoniche in cinque trilogie:

Repubblica, Timeo, Crizia

Sofista, Politico, Cratilo

Leggi, Minosse, Epinomide

Teeteto, Eutifrone, Apologia di Socrate

Critone, Fedone, Lettere

Cenni biografici di Platone

I più salienti tratti biografici di Platone si possono evincere, più che da altre fonti, dalla *Settima Lettera*, l'unica, contenuta nella più ampia opera delle *Lettere*, ad essere ritenuta autentica dalla maggioranza degli studiosi del filosofo greco.

Platone nacque nel 427 a.C. ad Egina; il padre Aristone e la madre Perictione appartenevano ad antiche e ricche famiglie. Ventenne, incontrò Socrate: i *Dialoghi Socratici* e l'inizio della *Settima Lettera* sono testimonianza del grande significato che questo incontro ebbe per il giovane.

Egli scrive nella *Settima Lettera*[2]:

Quando ero giovane anche io feci quella stessa esperienza che capitò a molti; pensai, una volta divenuto padrone di me stesso, di volgermi alla vita politica e agli affari della città. Ci furono poi alcuni rivolgimenti politici in città. Infatti si verificò un cambiamento ai vertici del governo di allora, ormai attaccato da più parti. Il potere fu posto nelle mani di cinquantuno magistrati[3]: undici in città, e dieci al Pireo avevano ciascuno il compito di occuparsi della gestione del mercato e di piccoli incarichi amministrativi, ma come capi supremi c'erano altri trenta magistrati.

---

[2] Platone, *La Settima Lettera*, Traduzione di Francesca Cupido, Primiceri Editore, Padova 2020.
[3] Si parla del regime oligarchico dei Trenta tiranni (404-403 a. C.).

Caso volle che tra costoro ci fossero anche alcuni miei parenti[4] e conoscenti che mi invitarono subito a entrare a far parte del governo. Non deve stupire la mia reazione a una simile proposta: pensavo che avrebbero portato la città da uno stato di illegalità ad uno di giustizia, cosicché mostrai particolare interesse nei confronti del loro futuro operato.

Mi resi conto che questi uomini in poco tempo fecero sembrare il governo precedente l'*età dell'oro*, e tra l'altro ordinarono al mio vecchio amico Socrate, uomo che, non mi vergogno a dirlo, era il più giusto tra quelli di allora, di recarsi con altre persone a prelevare con violenza un uomo per condannarlo a morte.

Agirono così per costringerlo a prendere parte, volente o nolente, alle loro malefatte; ma lui non volle obbedire, preferì esporsi ad ogni rischio pur di non essere compartecipe delle loro nefandezze.

Al vedere tutte questi atti indegni e altri di non minore gravità, rimasi disgustato e mi feci da parte.

Dopo non molto tempo il regime dei trenta cadde insieme a tutto il sistema di governo di allora. Fui preso di nuovo, anche se in modo più pacato, dal desiderio di occuparmi della vita politica e del bene comune.

Anche in questi sconvolgimenti si verificarono molti fatti vergognosi, e non è insolito che, in tutte le rivoluzioni, vengano portate a compimento vendette, anche piuttosto efferate, contro i nemici; ma poi quelli che tornarono al governo agirono con mitezza.

Accadde però che alcuni potentati portarono a processo anche il nostro amico Socrate con l'accusa più infamante, tra tutte quella che meno gli si addiceva: lo incriminarono per empietà. Lo condannarono e lo misero a morte[5] , lui

---

[4] Si tratta di Carmide e Crizia, quest'ultimo era zio di Platone e leader del regime dei Trenta Tiranni.

[5] Socrate venne condannato a morte con l'accusa di profanazione della sacralità delle leggi e di corruzione dei

che un tempo non aveva voluto prendere parte all'empia cattura di un loro compagno esule[6], quando erano in fuga e perseguitati dalla malasorte.

Ad assistere a tali vicende e al vedere uomini gestire in tal modo gli affari cittadini, le leggi e i costumi, riflettevo, e col passare degli anni, quanto più ci pensavo, tanto più mi sembrava difficile dedicarmi alla vita politica mantenendomi onesto.

Purtroppo ciò non era possibile senza alleati onesti e fidati, e non era semplice trovarne di disponibili, la città non viveva più secondo le tradizioni e i valori dei padri, era anche impossibile radunare nuovi compagni nell'immediato.

Il testo e i costumi delle leggi cominciarono a corrompersi in modo talmente assurdo che a me, che prima ero pieno di entusiasmo all'idea di dedicarmi alla politica, adesso guardando a questa situazione e vedendola completamente allo sbaraglio, vennero le vertigini.

Io, però, non smisi mai tenere sott'occhio la situazione, per vedere se ci sarebbero stati miglioramenti riguardo a questi specifici eventi e alla situazione politica nel suo complesso, ma prima di impegnarmi concretamente aspettavo sempre l'occasione propizia. Arrivai alla conclusione che tutte le città fossero amministrate da cattivi governi, che le leggi fossero destinate inesorabilmente al declino senza un intervento straordinario o un colpo di fortuna.

Capii quanto fosse necessario riconoscere alla buona filosofia grandi meriti, perché solo grazie ad essa è

---

giovani nel 399 a.C., il processo è descritto nel dialogo platonico Apologia di Socrate. Gli accusatori furono Meleto, Anito e Licone.

[6] Cfr. Apologia di Socrate (righi 32b-32c), il condannato è Leone di Salamina avversario del regime oligarchico.

possibile discernere *il giusto* sia nel pubblico che nel privato.

Socrate morì nel 399, condannato a morte dopo un processo iniquo e ingiusto, avviato da false accuse; Platone lasciò Atene per Megara, e fece viaggi in terre dove la civiltà greca aveva trovato alimento e forme originali – come Cirene e la Magna Grecia – e in un paese non greco, ma affascinante per i Greci dai giorni di Erodoto, l'Egitto. Il primo viaggio in Italia e in Sicilia avvenne nel 388/7, e si conclude con un episodio di cui Platone tace: la sua cattura, per ordine di Dionisio I, tiranno di Siracusa, e la sua vendita come schiavo sul mercato di Egina, dove fu riscattato da Anniceris di Cirene. A Siracusa Platone era divenuto amico di Dione, cognato e poi genero del tiranno, e – come racconta nella Settima Lettera – l'aveva trovato come nessun altro disposto ad ispirare l'azione politica alle teorie che Platone aveva elaborato dopo le deludenti esperienze della sua giovinezza. Tornato ad Atene, animato dall'incontro con Dione e convinto di dover operare perché la filosofia non rimanesse estranea alla vita degli uomini – che un Ateniese d'alto sentire non poteva concepire se non come vita di componenti di una società civile, anche quando, come avvenne a Socrate, la vocazione filosofica per sua natura eccezionale rendesse difficile la convivenza – fondò, probabilmente nel 386, l'Accademia.

Nel 367 morì Dionisio I il Vecchio; e Dione, fiducioso nell'attitudine del giovane Dionisio II allo studio filosofico, invitò Platone a tornare in Sicilia. La fiducia di Dione si rivelò presto infondata: egli stesso fu costretto dal tiranno all'esilio, e Platone, che aveva avuto compagno nel viaggio il discepolo Senocrate, rientrò ad Atene; ma alle delusioni di Siracusa poté trovare conforto nell'amicizia di Archita e dei Pitagorici di Taranto e nei loro successi politici. Dione, venuto ad Atene ospite dell'Accademia, riponeva in Platone tutte le sue speranze di tornare in patria, di rivedere la sua famiglia cui Dionisio vietava di lasciare Siracusa e di recuperare i suoi beni. Alle sue insistenze si aggiunsero quelle degli amici Tarantini; e Platone, benché ormai stanco e poco fiducioso, si impose come un dovere di amicizia l'assenso agli iterati inviti del tiranno. Nell'aprile del 361, accompagnato dal nipote Speusippo, venne per la terza volta a Siracusa. Dello spiacevole soggiorno e della drammatica conclusione la *Settima Lettera* conserva una efficace descrizione. Grazie all'intervento del governo di Taranto, Platone poté lasciare indenne la Sicilia, nel 360; e nell'agosto raggiunse ad Olimpia Dione, che si era risoluto a preparare una spedizione militare contro Dionisio. Nel 357 Dione entrò vincitore in Siracusa; nel 354 fu ucciso per iniziativa di un ambizioso ateniese, Callippo, che gli era stato condiscepolo nell'Accademia e lo aveva accompagnato in Sicilia. Platone fu profondamente turbato – come amico di Dione, come maestro fondatore dell'Accademia, come Ateniese – da questo fosco episodio. Da allora egli seguì le vicende siciliane solo per richiamare gli amici di Dione al rispetto degli ideali del loro maestro, e per esortare a mettere fine alla guerra civile, che minacciava di gettare la Sicilia greca in balia dei Cartaginesi e dei mercenari campani chiamati nell'isola dai tiranni; la *Settima Lettera* riflette le preoccupazioni del filosofo, che morì ottantenne nel 347.

Cronologia di Platone

427 a.C. – Nascita di Platone ad Atene.

421 a.C. – Pace di Nicia. Conclusione della prima parte della Guerra del Peloponneso, favorevole ad Atene.

415 a.C. – Atene, su pressioni di Alcibiade, invia una grande flotta alla conquista della Sicilia.

413 a.C. – Sconfitta in Sicilia per Atene che dovrà affrontare, indebolita da ingenti perdite, la seconda parte della guerra con Sparta.

411 a.C. – Colpo di Stato oligarchico ad Atene. Viene sciolta la Bulé e viene eletto un Consiglio dei Quattrocento con l'incarico di scegliere cinquemila cittadini a cui affidare il governo. Dopo pochi mesi, grazia alla flotta di stanza a Samo, rimasta fedele alla democrazia, viene ristabilito il governo democratico.

407 a.C. – Platone diviene discepolo di Socrate. Atene, nel frattempo, subisce una pesante sconfitta a Notion.

404 a.C. – Atene si arrende a Sparta. Nasce il governo dei Trenta Tiranni guidato da Crizia, ex democratico e discepolo di Socrate. Prima delusione politica di Platone, il quale, invitato dai parenti Carmide e Crizia a collaborare al nuovo governo, si rese ben presto conto della crudeltà e ingiustizia dei nuovi governanti, i quali ordinarono a Socrate di recarsi con altre persone a prelevare con violenza un uomo e condannarlo a morte. Il motivo era tentare di coinvolgere Socrate nelle malefatte del governo. Ma Socrate si rifiutò di obbedire.

L'esempio di giustezza del suo maestro e le numerose nefandezze compiute ogni giorno dai Trenta, spinsero Platone a mettersi da parte e rinunciare alla politica attiva.

403 a.C. – Trasibulo guida i democratici che rientrano con forza ad Atene ripristinando la democrazia. Il clima in città è comunque afflitto dalla crisi seguita alla sconfitta con Sparta e alla perdita dell'Impero.

399 a.C. – Processo e condanna a morte di Socrate. Seconda delusione politica per Platone: il suo maestro viene processato e condannato a morte ingiustamente.

399 a.C. / 388 a.C. – Platone inizia a viaggiare e a scrivere i *Dialoghi Socratici*, per rendere vivo e tramandabile il pensiero del suo maestro Socrate.

388 a.C. – Platone visita per la prima volta la Sicilia. Incontro con Dione e Dionisio il Vecchio.

386 a.C. – Pace di Antalcida. Il trattato sanciva l'indipendenza di tutte le *poleis* greche, grandi e piccole, eccetto Lemno, Imbro e Sciro che rimanevano sotto il controllo ateniese, divenendo cleruchie, ma prevedeva la rinuncia da parte greca dei nuovi territori conquistati nell'Egeo, che passavano sotto l'impero achemenide, che manteneva anche il controllo delle città della Ionia, di Clazomene e di Cipro.

386 a.C. / 367 a.C. – Platone scrive i *Dialoghi della Maturità*.

371 a. C. – Epaminonda guida l'esercito tebano e sconfigge gli Spartani a Leuttra. Tebe si sostituisce a Sparta nel ruolo di presenza egemone in Grecia.

367 a.C. – Morte di Dionisio I. Platone torna a Siracusa con l'intento di educare, con l'aiuto di Dione, il giovane ascendente al trono Dionisio II alla filosofia e al buon governo.

366 a.C. – Allontanamento di Dione da parte di Dionisio II a seguito dei consigli di Filisto.

365 a.C. / 361 a.C. – Platone scrive probabilmente in questo periodo i *Dialoghi Dialettici*.

364 a.C. – Epaminonda muore sul campo di Mantinea. Inizia il declino di Tebe.

361 a.C. Ultimo viaggio di Platone a Siracusa su invito di Dionisio II. Platone tenta una mediazione tra Dione e Dionisio II ma la situazione precipita. Platone fu salvato dai Pitagorici di Taranto. Ultimo incontro con Dione a Olimpia.

360 a.C. / 347 a.C. – Platone scrive ad Atene i suoi ultimi dialoghi: Timeo, Crizia, Le Leggi (rimaste incompiute). Scrive anche la Settima e l'Ottava Lettera.

359 a.C. – Filippo II diventa Re dei Macedoni e inizia la sua politica per dare alla Macedonia un ruolo di primo piano nella scena politica greca.

357 a.C. – Spedizione militare di Dione contro Dionisio II. Caduta del tiranno e inizio del governo di Dione.

354 a.C. – Morte di Eraclide dopo vari tentativi di tradire Dione.

354 a.C. – Uccisione di Dione ad opera del suo soldato traditore Callippo.

353 a.C. – Ipparino con gli alleati prende il potere a Siracusa. Espulsione di Callippo.

351 a.C. – Morte di Ipparino. Il fratello Niseo succede al trono.

348 a.C. – Morte di Platone.

347 a.C. – Ritorno di Dionisio II al potere a Siracusa.

346 a.C. – Pace di Filocrate. Trattato di pace stipulato tra Atene ed il Regno di Macedonia, che sancì la fine della Terza guerra sacra. Filippo di Macedonia assume il controllo dell'anfizionia delfica. Si avvicina la fine dell'autonomia delle *poleis*.

344 a.C. – Il generale corinzio Timoleonte libera Siracusa. Dionisio II fu esiliato a Corinto dove morì dopo il 343 a.C.

ARGOMENTO DEL "CONVITO„ [1]

Propositum est Platoni in Convivio ut philosophum qualem in vita se exhiberet, viva imagine depingeret.

SCHLEIERMACHER.

È uno dei dialoghi narrati, e da persona che ne aveva udito il racconto da un'altra, il che vuol dire uno dei dialoghi della forma più artisticamente elaborata. Un tale, in nome proprio e d'altri amici, prega Apollodoro, seguace e ammiratore di Socrate, di narrargli la conversazione che su Eros s'era svolta tra Agatone, Socrate, Alcibiade e altri in occasione d'un banchetto offerto dal primo per solennizzare la vittoria riportata nell'agone tragico.

Apollodoro risponde d'esser pronto a farlo tanto più, che non molto innanzi aveva già avuto occasione di narrarla ad uno dei suoi conoscenti, un tal Glaucone, che gliene aveva chiesto, cammin facendo nel salire dalla propria casa di Falero verso Atene; e spiega che quella conversazione aveva avuto luogo molti anni prima, che a lui era stata riferita da Aristodemo, un altro grande ammiratore di Socrate, il quale c'era stato presente e sulle cui informazioni egli aveva poi chiesto chiarimenti e conferma a Socrate medesimo, ed aggiunge che il ripeterla gli fa gran piacere, perchè gli pare che il discor-

---

[1] Anche nella versione di questo dialogo ho seguito il testo del Burnet (Oxford, 1910), dal quale non mi sono discostato se non in pochissimi luoghi che ho indicati in nota. Non ho bisogno d'aggiungere che a preferenza mi son valso della bella versione del Bonghi.

rere di filosofia sia la sola cosa che metta conto di fare.
E comincia dal dichiarare che avrebbe ripetuto il racconto di quel banchetto proprio così, come l'aveva udito
da Aristodemo.

Costui aveva incontrato Socrate d'una insolita eleganza, e chiestogliene il perchè, aveva saputo che s'era
fatto bello a quel modo per recarsi, bello da un bello,
al convito che Agatone dava ad un circolo ristretto,
ma eletto d'amici. Sollecitato dal maestro, Aristodemo
consente a recarvisi anch'egli. E s'incamminano. Ma
per via Socrate di tanto in tanto rimaneva indietro,
sicchè quando egli, Aristodemo, giunse nella sala da
pranzo, amabilmente accolto dal padron di casa, s'accorse che il filosofo non lo aveva seguito. Questi sopravviene soltanto quando la cena è già a mezzo, e prende
posto accanto ad Agatone. Finita la cena, si fanno le
libazioni di rito, e, quindi i convitati, tra' quali erano il
poeta Aristofane, il medico Erissímaco, Fedro, Pausania
e alcuni altri, si volgono al bere. Allora Pausania osserva
che il giorno precedente, nel banchetto della vittoria, offerto parimenti da Agatone, ma al quale Socrate non
aveva partecipato, s'era bevuto anche troppo, che sarebbe
stato bene perciò di risparmiarsi per quel giorno, e
bere, se mai, come e quanto a ciascuno piacesse. Aristofane è del medesimo parere, Erissímaco, accennando
ai danni dell'ubriachezza, rincalza l'opinione di Pausania, e Fedro, che in fatto d'igiene pende dalle labbra
dell'amico medico, non manca di raccomandare anche
agli altri di uniformarsi al parere di lui. Cosicchè dal
momento che tutti si sono mostrati concordi nel non
fare del bere il passatempo di quel convito, Erissímaco,
ripigliando la parola, propone che, congedata la suonatrice, si trattengano a ragionare; e tenendo conto d'una
osservazione fattagli tante volte da Fedro: che mentre
tutti gli dei avevano trovato poeti e prosatori che ne
celebrassero le lodi — e lodi s'eran pur fatte di cose
insignificanti — d'Eros, un dio così antico e così potente,
nessuno mai fino a quel momento avesse pronunziato
l'elogio; fa ancora una seconda proposta, invitando tutti
i commensali a dire per turno a destra, l'un dopo l'altro,

l'encomio di questo dio. Socrate accoglie con favore le parole d'Erissímaco, dichiara di non intendersi se non di cose d'amore, e invita Fedro a iniziare la serie dei discorsi. A questo punto Apollodoro avverte che come Aristodemo non gli aveva detto tutto, perchè non si ricordava di tutto, così egli non riferirà se non le cose più degne di ricordo e i discorsi che gli parvero tali. (I-V). Ed ecco di qui in poi la trama della conversazione:

I. **Discorso di Fedro.** — Fedro, il primo a parlare, si propone di dimostrar due cose: che Eros è il più antico — e perciò il più venerabile — e il più benefico degli dei. Che sia il più antico, lo prova con le testimonianze di poeti e filosofi; che sia il più benefico, con l'osservazione che nessun sentimento al pari dell'amore può ispirare la vergogna delle azioni turpi e il desiderio delle azioni belle, così nelle relazioni private come nelle pubbliche. Infatti ove si desse una città o un esercito, composti d'amanti e d'amati, questa città e questo esercito si governerebbero e combatterebbero che non si può meglio, perchè cittadini e soldati non avrebbero di mira che farsi onore a vicenda. Del pari nelle relazioni private l'amore induce quelli che si amano ai più grandi sacrifizî, perfino a morire gli uni per gli altri. Basterebbero a provarlo l'esempio d'Alcéstide e di Achille, di cui la prima col dare la propria vita in cambio di quella del marito, aveva mostrato che l'amore ispira un affetto, che nessun legame di sangue pareggia; e il secondo, morendo per vendicare l'amante estinto, fece cosa anche più gradita agli dei, giacchè, laddove l'amante è mosso da un entusiasmo divino, l'amato non opera che per volontà propria; e perciò, mentre ad Alcéstide fu ridonata soltanto la vita, ad Achille dopo la morte toccò l'insigne onore di esser mandato nelle isole dei beati. Eros è dunque il più antico, il più venerabile, il più·benefico dei numi (VI-VII).

II. **Discorso di Pausania.** — Dopo altri, a cui s'accenna appena, prende la parola Pausania, il quale cerca di chiarir bene fin da principio l'argomento di cui deve trattare. E comincia dallo stabilire che, se ci sono, come realmente ci sono, due Afroditi, l'una celeste e l'altra volgare è necessario che ci siano anche due Erotes, l'uno celeste, l'altro volgare. Certo tutti gli dei meritano di esser lodati, ma ciascun d'essi ha però qualità e funzioni particolari, che bisogna distinguere. Ogni azione — e l'amore è un'azione come le altre — non è di per sè nè bella, nè brutta, ma diventa bella o brutta secondo il modo come si fa. E però non ogni Eros è bello, bensì soltanto quello che spinge ad amar bellamente. L'Eros dell'Afrodite volgare è volgare, perchè si volge alle donne non meno che ai maschi, si compiace in questi più dei corpi che delle anime, lo fa quanto più stoltamente è possibile, e non mira che alla sodisfazione d'un piacere sensuale. Ed è naturale che sia così, perchè l'Afrodite, di cui è compagno l'Eros volgare, ha madre ed è più giovane, mentre l'altra, di cui è compagno l'Eros celeste, non ha madre ed è più antica. Chi è ispirato dall'Eros celeste — ed è bene notare che sotto questo nome Pausania intende un raffinato amor sensuale — non si volge che al maschio, che è di sua natura più forte e più intelligente; e, a differenza di coloro che son mossi dall'Eros volgare, non ama se non quelli che han già cominciato a metter giudizio, giovanetti che abbian già le guance coperte della prima lanugine, mostrando così che egli si propone di viver con l'amato per tutta la vita, e non già, come chi è ispirato dall'Eros volgare, di voler abusare dell'inesperienza di un fanciullo per beffarsi di costui e volare ad altri amori. Anzi occorrerebbe che una legge positiva vietasse di amare i fanciulli di tenera età, come essa vieta d'amare donne libere, perchè sono appunto codesti amanti volgari quelli che hanno discreditato l'amore dei fanciulli, il quale allorchè è contenuto nei confini dell'onestà, al pari d'ogni atto compiuto rettamente e conforme alla legge, non può essere biasimevole. Ma qual è la legge o, per dir meglio, il costume, la consuetudine che, circa le relazioni amorose fra uomini, prevale presso i varî popoli? Bisogna distinguere quelli che di siffatte relazioni hanno un concetto semplice e quelli che ne hanno uno complesso. I primi lo ammettono o lo rigettano senza distinguere; e di questi sono un esempio, da un lato gli Elei ed i Beoti, che lo ammettono senza eccezione, perchè nella loro inettitudine a parlare non saprebbero spiegare quando siffatte relazioni sieno ammissibili e quando no; e dall'altro i Greci, in generale, soggetti ai barbari, perchè questi han cercato di comprimere ne' sudditi tutto ciò che può contribuire ad ispirare dei nobili sensi, ad elevar le menti, a rinvigorire i corpi, e creare delle amicizie salde e durevoli. Del che Pausania cita a prova l'esempio di Armodio e d'Aristogítone, che abbatterono la tirannide dei Pisistrátidi, per concludere su questo punto, che, dove l'amore è rigettato senza eccezione, ciò si deve alla abiettezza di quelli che fecero prevalere siffatta opinione, alla prepotenza dei governanti, alla viltà dei governati, mentre, dove prevale l'opinione diametralmente opposta, ciò si deve alla pigrizia mentale dei cittadini.

Dei popoli al contrario, che ne hanno un concetto complesso, Pausania cita ad esempio gli Ateniesi e gli Spartani. Ed osserva che chi consideri da un lato tutto quello che si concede agli amanti di fare per conquistare l'affetto d'un fanciullo, e tutta l'indulgenza che si mostra per essi, deve ritenere che l'amore dei maschi sia universalmente ammesso; ma chi tenga dall'altro presente la severità dei padri che impediscono ai figliuoli persin di discorrere con gli amanti, e i rimproveri dei coetanei e degli amici, che trovano un'implicita approvazione nel silenzio dei più anziani davanti a questi rimproveri, deve concludere che presso gli Ateniesi, si ritenga riprovevole un amore siffatto. Ma la contradizione non è che apparente. L'amore tra' maschi non è nè bello nè brutto: è bello se fatto bellamente, brutto se bruttamente. Ed è fatto bruttamente, ove si compiaccia, e male, a un amante malvagio; bellamente, ove si compiaccia, e bene, a un amante buono. E amante volgare è chi ama più il corpo che l'anima, e chi non è costante ma spergiuro. E però la consuetudine vuole che gli amanti sieno scrutinati dall'amato, il quale a conseguire un tal fine non deve lasciarsi prender subito dall'amante, nè indursi ad amare per allettamenti o per minacce, ma soltanto per la fiducia di poter divenire moralmente e intellettualmente migliore mercè le cure dell'amante. E come si è indulgente con l'amante, qualsiasi servigio egli renda all'amato, così si deve ammettere che l'amato possa compiacere all'amante, purchè sia per un fine virtuoso. E quando l'amante e l'amato s'attengono, ciascuno per suo conto, alla legge che deve onestamente regolare la loro condotta, in questo caso l'amore è lodevole; quando no, riprovevole. Nè il risultato può mutare il giudizio, chè quello che conta è l'intenzione che l'amato ha avuto, il fine che s'è proposto. Così, se un giovanetto ha concesso i suoi favori all'amante, perchè lo ha creduto ricco, e poi scopra che è povero, merita biasimo, perchè lo ha fatto con uno scopo spregevole. Ma se gli ha compiaciuto nella convinzione d'affidarsi a chi poteva renderlo migliore, quand'anche costui si mostri un malvagio, ed egli ne rimanga ingannato, in questo caso è bello anche l'inganno. E conclude affermando che l'Eros celeste è quello che costringe così l'amante come l'amato a porre gran cura nella virtù (VIII-XI).

III. **Primo intermezzo e discorso di Erissímaco.** — A Pausania dovrebbe seguire Aristofane, ma questi, che ha il singhiozzo, prega Erissímaco di prendere il suo turno, riservandosi di parlare a sua volta, quando il singhiozzo, per il quale chiede un rimedio all'amico, gli sarà cessato. Ed Erissímaco risponde che farà l'una cosa e l'altra: gli suggerirà il rimedio e parlerà invece sua.

Con Erissímaco il discorso va ad assumere un contenuto più largo e più alto. Erissímaco infatti comincia dall'affermare che Pausania ha ben distinto i due Amori, ma soggiunge subito che essi non si manifestano ed operano solo negli animi umani, ma in tutta la natura. Nei corpi la sanità tra le parti risponde all'Eros celeste, la malattia all'Eros volgare. La medicina, come scienza, è la conoscenza della proporzione giusta tra desiderî opposti; come pratica è l'arte di saperli ricondurre alla retta misura e metterli d'accordo. Lo stesso si verifica nella ginnastica, nell'agricoltura, nella musica, a proposito della quale Erissímaco nota « che essa, nelle sue parti, *armonia* e *ritmo*, è scienza della unione dei suoni, cioè degli amori che sentono gli uni verso gli altri. Ora questa unione per sè non ammette altro che l'amor buono, giacchè o la proporzione retta esiste e v'è *armonia* e *ritmo*, o non esiste, e armonia e ritmo non v'è; invece nell'uso pratico di questa scienza, sia quando si creino melodie e metri, *melopea*, sia quando si eseguiscano, *educazione*, può aver luogo anche l'amore cattivo, quando l'artista, che ha composto quelle melodie e metri, non abbia inteso mantener vivo negli animi di persone per bene l'amore buono, celeste, ma il contrario. » (Bonghi). Il quale si può anche somministrare, ma con grande circospezione, affinchè se ne colga il piacere, ma non s'ingeneri l'incontinenza, così come un abile medico sa, a tempo opportuno e nella misúra opportuna, giovarsi anche dell'arte della cucina. Nè al potere di Eros si sottrae il corso delle stagioni, la cui scienza, l'astronomia, non è se non la scienza delle proporzioni e delle inclinazioni amorose tra gli elementi contrarî; come non vi si sottrae la religione, che coi sacrifizî e con l'arte divinatoria, si propone appunto di tener desto nel cuore umano l'amor buono e frenarvi e sanarvi il cattivo. E conclude, mettendo in evidenza la universalità dell'Amore, così del buono come del cattivo, considerato quale un potere cosmico (XI-XIII).

IV. **Secondo intermezzo e discorso d'Aristofane.** — Dopo uno scambio di botte e risposte, che costituiscono un nuovo intermezzo, tra Aristofane ed Erissímaco, Aristofane dà principio al suo discorso, dichiarando che egli si propone di parlare in modo diverso dai due che lo hanno preceduto. Gli uomini, dice, ignorano la potenza di Eros; e perciò non hanno per lui il culto che dovrebbero avere. Eros è il dio più amico degli uomini; è li medico di quei mali dalla cui guarigione deriverebbe la maggiore felicità al genere umano. Ma, per intender ciò bene, occorre che si conosca qual fosse in origine la natura umana e quali i casi di essa. In origine, i sessi eran tre: maschio, femmina ed andrógino. Ogni persona, rotonda, con doppia faccia su una sola testa e membra doppie. Animosi e fortissimi quei nostri progenitori osarono perfino muover guerra agli dei. Zeus, impensierito, non volendo distruggerli, pensò di segarli in due: così sarebbero stati più numerosi e più déboli. Effetto di questo provvedimento fu che ciascuna metà cercasse ansiosamente l'altra, e, avviticchiandosi ad essa, trascurasse ogni altra cosa, perfino il mangiare. E morivano, e il genere umano si andava estinguendo. Mosso a compassione Zeus trasportò davanti le loro pudende che eran rimaste di dietro. Così quando la metà d'un maschio si fosse incontrato nella metà d'una donna, avrebbe generato; quando invece si fosse incontrato nella metà d'un altro uomo, se ne sarebbe distaccato per sazietà e si sarebbe volto ai doveri della vita. L'amore dunque è il desiderio di restaurare l'antica natura. E si spiega così l'amore dell'uomo per la donna, l'amore della donna per la donna, l'amore dell'uomo per l'uomo. Ciascuno ricerca la propria metà; ma l'amore dell'uomo per l'uomo è il più alto di tutti, perchè implica un sentimento di virilità così nell'amante come nell'amato. E allorchè uno abbia la fortuna d'imbattersi nella propria metà, si stabilisce un così intimo legame tra' due, che essi vorrebbero non esser divisi mai più nè in vita nè in morte. E questo sentimento non nasce in loro dal piacere carnale, ma è desiderio e ricerca affannosa di ricostituire la propria individualità; e a questo desiderio si dà nome di amore. E però abbiamo l'obbligo di condurci verso gli dei come si deve, giacchè se per essere stati cattivi una prima volta fummo segati in due, potremmo ora andar di nuovo incontro alla stessa pena, laddove, se sapremo acquistare e conservarci la benevolenza divina, ritroveremo la nostra metà o almeno un amato, che corrisponda al nostro cuore. Nel che appunto è riposta la maggior felicità che Eros ci promette (XIII-XVI) (1).

V. **Terzo intermezzo e discorso d'Agatone.** — Dopo Aristofane è la volta di Agatone. Ma una risposta di

---

(1) Il Bury nella sua ed. di questo dialogo (Cambridge, 1909) vede nel discorso d'Aristofane l'intenzione di burlarsi delle opinioni fisiologiche professate a quel tempo dai medici, di cui Eríssimaco era un rappresentante, e trova in ciò il motivo artistico, per il quale Platone altera la serie dei discorsi.

costui dà modo a Socrate d'iniziare con lui una disputa, interrotta sul nascere da Fedro, il quale, rigido custode dell'accordo fatto, invita Agatone a compiere il suo dovere. E questi esordisce dicendo, che quelli che lo han preceduto, anzichè lodare Eros, si son diffusi a parlare dei benefizî che egli procura agli uomini. Egli dirà prima quale è Eros, poi i beni di cui è autore. Eros, egli dice, è il più felice degli dei, perchè oltremodo bello e virtuoso. Oltremodo bello, perchè giovanissimo, delicatissimo, flessuoso, proporzionato, di bel colorito. Oltremodo virtuoso, perchè giusto, temperante, forte, sapiente così nella creazione spirituale come nella corporale. La sua opera tra gli dei fu opera di pace, e la sua nascita segnò l'inizio d'ogni bene nel cielo e sulla terra. Egli è per tutti il sostegno e il conforto maggiore, e quindi bisogna seguirlo e unirsi al canto con cui egli rasserena l'animo degli dei e degli uomini (XVII-XIX).

VI. **Quarto intermezzo; discussione di Socrate con Agatone e discorso di Socrate (Diotima).** — Agli applausi, che coronano il discorso d'Agatone, Socrate non manca d'unire le proprie lodi in tono ironico; e poichè a lui tocca di parlare, comincia dal mostrarsi sgomento. Egli s'avvede, dice, d'aver preso un impegno che non potrà mantenere. Credeva d'essere valente in cose d'amore, e s'accorge d'ignorare completamente che cosa sia un elogio. Nella sua ingenuità s'immaginava che l'elogio di qualche cosa consistesse nel dire intorno ad essa la verità nella forma più acconcia a metterne in rilievo il valore. Ora comprende che elogiare significa attribuire a ciò che s'elogia ogni merito, gli spetti o no, non importa. Ad ogni modo, se gli amici vogliono che anch'egli parli, gli devono permettere di farlo come sa e come può. Tutti assentono; ma Socrate chiede ancora a Fedro di poter rivolgere alcune interrogazioni ad Agatone. E poichè anche questo gli vien concesso, con una serie di domande induce Agatone a convenire che, contrariamente a ciò che questi aveva affermato, Eros non è nè bello nè buono. Partendo da questo punto Socrate avverte che egli si restringerà a ripetere la conversazione da lui avuta con Diotima, una donna di Mantinea, sapiente nei misteri d'amore. E questa conversazione egli la racconta, come s'era svolta; e la conclusione di essa, nella prima parte, in cui si definisce la natura di Eros, è questa: che Eros non è nè buono, nè cattivo, nè bello nè brutto, ma qualcosa di mezzo tra l'uno e l'altro, come non è nè dio nè uomo, ma un démone grande, ossia qualcosa di mezzo tra il divino e l'umano. E, a spiegarne la natura così varia e complessa, Socrate narra, come gliel'aveva narrata Diotima, la nascita di lui da Poros (Acquisto) e da Pénia (Povertà), mettendo in rilievo un altro tratto del carattere di lui: che egli non è nè sapiente nè ignorante, ma anche in questo qualcosa di mezzo tra l'uno e l'altro. E se Eros è creduto per sè bello e buono, ciò accade perchè si scambia ciò che s'ama, che è realmente bello e buono, con l'amante che non è per sè nè bello nè buono. Ma quali effetti utili Eros reca agli uomini? Rispondendo a questa domanda Diotima chiarisce che chi ama, non solo ama il bene, ma ama di averlo sempre con sè. Però, se d'ognuno, che desideri qualche bene, si può dire che sia amante e il suo desiderio amore, tuttavia l'uso ha dato a queste parole un senso più preciso, come se d'ognuno che crea si può dire in certo senso che faccia poesia e sia poeta [nel significato etimologico di queste parole, cioè di ' fattura ', ' creazione ' e di ' fattore ', ' creatore '], nondimeno l'uso ha ristretto questa parola a significare in particolar modo creatore di suoni e di metri. Altrettanto è accaduto dei vocaboli amante ed amore, che si adoperano, non già a designare chi desideri d'arricchire o di esercitarsi nella ginnastica o di progredire in sapienza, ma chi desideri d'appropriarsi e d'aver sempre con sè un particolar bene; e questo desiderio si estrinseca in un determinato atto che è il generare nel bello, così spiritualmente come corporalmente. Sicchè il bello è la condizione indispensabile per generare, e il generare, che assicura all'uomo quel bene di cui va in cerca, è ciò per cui il mortale diventa immortale. Eros è così doppiamente amore dell'immortale, e perchè ha per fine d'appropriarsi in perpetuo il bene, e perchè se lo appropria generando.

Questa brama d'immortalità, insita nella natura mortale, spiega così la violenta disposizione, in cui entrano tutti gli animali, allorchè desiderano di generare, come l'affetto per la prole, giacchè la generazione è la sola via per la quale tutto ciò che è vecchio si rinnova, e non pure nella procreazione di altri esseri, ma anche nei singoli individui, che non rimangono gli stessi, se non apparentemente, mentre in realtà sono in un continuo rinnovamento non solo nel corpo, ma perfino nelle loro cognizioni. Nè diverso è il sentimento che spinge gli uomini a volersi rendere illustri per nobili atti o per opere insigni, vale a dire per una generazione spirituale, che è ben più alta della generazione fisica. Tutto ciò, Diotima osserva, Socrate avrebbe potuto intenderlo da sè, ma dubita ch'egli avrebbe potuto vedere da solo l'ulteriore svolgimento sino al termine della via d'amore, che consiste in un ascendere continuo dall'amore suscitato dalla bellezza d'un singolo corpo a quella di tutti i bei corpi, e da questo alla bellezza delle anime, e da questa ancora alla bellezza delle istituzioni, e poi a quella delle scienze, e finalmente a quella dell'unica scienza, che è la scienza del bello in sè, raggiungendo così quel punto che rende la vita veramente degna di esser vissuta. E Socrate conchiude che egli, persuaso degl'insegnamenti di Diotima, si sforza a persuadere gli altri che a raggiunger la meta indicata non v'è più valido collaboratore di Eros, al quale perciò ogni uomo ha l'obbligo di rendere onore, come l'onora egli stesso. Questo è il discorso che egli dedica a Eros; Fedro lo chiami pure come gli pare, se non crede che meriti il nome di elogio (**XX-XXIX**).

VII. **Quinto intermezzo ed elogio di Socrate pronunziato da Alcibiade.** — Quando Socrate finì, mentre alcuni lodavano, Aristofane accennò a voler replicare qualcosa in risposta ad un'allusione fatta da Socrate al suo discorso. Ma in quel momento si udì un gran chiasso davanti alla porta della casa d'Agatone, come di gente che veniva da un banchetto, e la voce d'Alcibiade ubriaco che insisteva per essere ammesso da

Agatone. Fu subito fatto entrare e si fermò sull'uscio. Aveva il capo ricinto di fiori e di nastri, e dichiarò per prima cosa d'esser venuto col proposito d'incoronare Agatone; ma intendeva che si bevesse ancora. Invitato a prender posto accanto al padron di casa, dapprima non s'avvede di Socrate. Come se ne avvede, osserva che Socrate, fedele alla sua abitudine, non aveva mancato di andarsi a porre accanto al più bello della brigata. Socrate risponde che Alcibiade parla così, perchè pretende che egli non ami altri che lui, e chiede che Agatone metta pace tra lui e il suo ardente innamorato. Alcibiade replica che questa pace non è possibile; e perchè Socrate non s'ingelosisca, si fa dare una parte dei nastri, e ne corona la testa del filosofo. Quindi nomina sè medesimo re del convito, tracanna per il primo una enorme ciotola di vino, e, fattala riempire, la porge a Socrate che fa altrettanto. Ma Erissímaco interviene per raccomandare la moderazione, e propone che, come hanno già fatto tutti, anche Alcibiade pronunzî un discorso in lode di Eros. Senonchè Alcibiade dichiara che in presenza di Socrate egli non può elogiar che costui. Socrate non si oppone, ma a patto che egli dica la verità. Alcibiade accetta e comincia col dire che loderà Socrate per via d'un paragone. Socrate, dice, è simile a quegli armadî in figura di Sileni, che si vedono negli studî degli scultori e che contengono nel loro interno molte immagini di dei; somiglia anzi addirittura al satiro Marsia. Gli somiglia nel viso, nella tendenza a ridersi di tutti, nel commuovere profondamente con le semplici parole l'animo di chi lo ascolta — ed egli, Alcibiade, ne sa qualcosa — più che non facciano le sonate del flautista divino. Le immagini meravigliose che si nascondono in lui sono le sue virtù: la continenza in amore che contrasta con la corte spietata che fa a tutti i bei giovani, compreso lui — e qui Alcibiade accenna senza reticenze a ciò che egli stesso aveva fatto per adescarlo e al contegno sprezzante con cui erano state accolte le sue profferte — l'invulnerabilità di fronte alle ricchezze come ad ogni altro allettamento, la resistenza alle fatiche, ai disagi e alle privazioni, la forza con cui, quantunque non dedito al bere, tollerava il vino, l'attitudine a rimaner fermo, immerso nelle proprie meditazioni, per un tempo incredibile, la presenza di spirito e l'intrepidezza sul campo di battaglia. D'altri grandi si posson trovare dei confronti umani; Socrate non somiglia se non a quegli esseri divini, a cui lo ha paragonato lui. E a quei medesimi esseri — aveva, egli soggiunge, dimenticato di dirlo — somigliano anche i suoi discorsi. Chi si ferma alla forma, li trova comuni e perfino volgari; ma chi ne penetra lo spirito, li riconosce ripieni d'insegnamenti meravigliosi e divini, e i soli che possano guidare nella via della perfezione. Questo è ciò che in bene e in male egli può dire di Socrate, e lo ha detto, perchè gli amici presenti, ingannati dall'apparenza, non cadano in quel medesimo errore in cui erano caduti e lui ed altri (XXX-XXXVII).

Il discorso di Alcibiade provoca delle grandi risa. Ma Socrate osserva che invano Alcibiade, fingendosi ubriaco, ha tentato di nascondere, a furia d'immagini e di parole, lo scopo vero che si proponeva: quello, cioè, di metter male tra lui e Agatone, e prega costui di non lasciarsi trarre in inganno. Agatone lo rassicura; soggiunge anzi che farà di più: si leverà d'accanto ad Alcibiade per andarsi a sdraiare a destra di Socrate. Alcibiade protesta, e vorrebbe che Agatone si ponesse almeno tra lui e Socrate. Ma questi a sua volta non lo permette, adducendone come ragione che, ove Agatone prenda posto a destra d'Alcibiade, dovrebbe Agatone pronunziare l'elogio di Socrate, laddove collocandosi alla propria destra, sarà lui, Socrate, che dovrà pronunziare, come desidera, l'elogio di Agatone. Senonchè, non appena questi, per esser lodato da Socrate, ha preso il nuovo posto, un'altra comitiva d'avvinazzati irrompe nella sala. A questo punto la confusione diventa indescrivibile. Tutti bevono disperatamente. A un certo momento Erissímaco, Fedro e altri vanno via, Aristodemo s'addormenta e dorme parecchio. Destatosi, vede alcuni che dormivano, altri che se ne andavano. Soltanto Aristofane, Agatone e Socrate erano ancora svegli e bevevano e ragionavano, ma di che, Aristodemo non poteva dire con precisione, non avendo sentito il principio del discorso. Ricordava però che Socrate costringeva quei due ad ammettere che allo stesso uomo s'appartenga di scriver commedie e tragedie, e che quei due eran costretti a convenirne. Ma in seguito anch'essi caddero addormentati, e Socrate allora andò via seguito da Aristodemo; e recatosi al Liceo vi si lavò, vi si trattenne tutto il giorno e sul far della sera tornò a casa a riposare (XXXVIII-XXXIX).

Il banchetto avrebbe avuto luogo nel 416 — e precisamente nelle feste Lenee di quell'anno — e il racconto d'Apollodoro probabilmente verso il 400 à. C. Ben più difficile è determinare la data di composizione del dialogo, per la quale ci sono grandi discrepanze tra' dotti. Il Bury propenderebbe a crederlo composto verso il 385-83 a. C.

IL CONVITO.

Apollodoro e un amico.

I. — *Apollodoro.* Credo di non essere impreparato per rispondere alla vostra richiesta. Giacchè, non è molto, mentre salivo in città dalla mia casa di Falero, uno dei miei conoscenti, che m'aveva ravvisato di dietro, mi chiamò da lontano, e nel chiamarmi scherzando: O Falerese, mi gridò, a te Apollodoro (1), o non mi aspetti?

Ed io mi fermai e aspettai.

Ed egli: Apollodoro, mi disse, appunto, anche poc'anzi ti cercavo, perchè volevo chiederti di raccontarmi la

St. III,
p. 172.

---

(1) Apollodoro di Falero, se non ha lasciato traccia nella storia del pensiero filosofico greco, fu tuttavia negli ultimi anni di Socrate uno dei più fidi e devoti seguaci di lui. Assistè alla morte del maestro, e, stando a un anèddoto riferitoci da Diogene Laerzio e da Eliano, ne ricopri o voleva ricoprirne il cadavere col proprio mantello. — Quanto allo scherzo, che Apollodoro rileva nelle parole dell'amico, s'è molto discusso in che consista. Forse, oltrechè nel tono della voce, esso sta nell'aver cominciato dal chiamarlo Falerese. « Se un amico nostro che avesse nome Matteo e che fosse nato a Velletri noi cominciassimo col chiamarlo ' o quel da Velletri ', anzichè ' Matteo ', per farlo voltare, potrebbe parere a lui uno scherzo, soprattutto se col chiamarlo così si facesse un'allusione a qualcuna delle sue qualità, che si solesse attribuire agli abitanti di quel luogo. Noi non sappiamo, se i Faleresi avessero qualche lor particolare riputazione e di che genere; a ogni modo anche senza questo lo scherzo s'intende. » (Bonghi). E non è, mi pare, impossibile che, essendo Falero un borgo marinaro e i marinai passando per gente tutt'altro che finamente educata, la qualità di Falerese sulla bocca d'un cittadino d'Atene, ricco ed elegante, come doveva essere Glaucone, potesse avere una punta di dileggio. Nel testo le parole Ὦ Φαλη-ρεὺς οὗτος Ἀπολλόδωρος, come fu notato da qualcuno, formano un endecasillabo.

conversazione tra Agatone (1) e Socrate e Alcibiade (2) e gli altri, che allora presero parte al banchetto, e che discorsi intorno all'amore vi si fossero tenuti. Me ne accennò un tale che ne aveva udito da Fenice di Filippo (3) e aggiunse che anche tu ne eri informato; ma non seppe dirmi nulla di preciso. Raccontamela tu dunque. Nessuno più di te è tenuto a riferire i discorsi del tuo amico. E prima di tutto, mi chiese, dimmi: a quella conversazione eri tu presente o no?

Ed io: Si vede bene che quel tale che te la raccontò non ti deve aver raccontato nulla di preciso, se credi che quella conversazione, di cui mi chiedi, abbia avuto luogo così di recente, che anch'io avessi potuto assistervi.

Ed egli: Difatti lo credevo, rispose.

E come, dissi, Glaucone? (4). Non sai che da molti anni Agatone non è più venuto tra noi, e che da quando frequento assiduamente Socrate e mi studio di seguire giorno per giorno ciò che egli dice o fa, non sono ancora tre anni? Prima andavo errando a caso di qua e di là, e pure illudendomi di fare qualcosa, ero il più infelice degli uomini, non meno che non sia ora tu, perchè pensavo che bisognasse occuparsi di qualunque altra cosa piuttosto che di filosofia.

Ed egli: Smetti di canzonare e dimmi quando ebbe luogo quella conversazione.

Quando — e noi eravamo ancora dei ragazzi — Agatone vinse il premio per la sua prima tragedia, nel

---

(1) Agatone, figlio di Tisámeno, era nativo di Atene, che tra il 409 e il 407 a. C. egli lasciò per andare a vivere nella corte di Archelao di Macedonia, il cui splendore lo attirava. Bello, elegante e ricco, fu scolare di Pródico e di Gorgia, dai quali apprese lo stile pretensionoso e retorico, ed ebbe un momento di celebrità per il successo del suo drama, intitolato Ἄνθος ' Fiore ', nel quale usciva dagli argomenti tradizionali e dalla via battuta dai suoi grandi predecessori. Ma per il suo aspetto quasi muliebre e per la vita molle ed effeminata fu più volte bersaglio ai sarcasmi dei comici contemporanei. Nel 416 aveva forse poco più di trent'anni.

(2) Chi sia Alcibiade, è inutile dirlo; egli è troppo noto come generale ed uomo di Stato. Allorchè si finge avvenuto il banchetto (416 a. C.), egli aveva intorno ai 34 anni, ed era al culmine della sua potenza politica.

(3) Questo Fenice, figlio di Filippo, è un ignoto.

(4) Altro ignoto, da non confondere con Glaucone, fratello di Platone.

giorno seguente a quello in cui egli coi suoi coreuti celebrò
il sacrifizio della vittoria (1).

Fu dunque, disse, molti anni or sono, a quanto pare.
Ma a te chi te la riferì? Socrate stesso?

No, per Zeus, ripresi, ma quello stesso che ne parlò
a Fenice, un tale Aristodemo, cidateneese (2), quel piccolino, che andava sempre scalzo. Egli aveva assistito
alla conversazione, perchè era, credo, uno dei più caldi
amanti di Socrate a quel tempo. Tuttavia interrogai
anche Socrate su qualcuna delle cose udite da Aristodemo,
e da lui ebbi la conferma di ciò che l'altro mi aveva riferito.

Perchè dunque non t'affretti a raccontarmela? La
via, che s'ha a percorrere fino alla città, è fatta apposta
per discorrere e per udire.

Così cammin facendo, ragionammo di quei discorsi,
sicchè, come ho detto a principio, non sono impreparato;
e se volete che io li ripeta anche a voi, eccomi a farlo.
Giacchè per me, soprattutto quando o io medesimo parlo
di filosofia o ne odo parlare da altri, a parte il profitto
che mi par di cavarne, provo una gioia indicibile, mentre
quando odo certi altri discorsi, specie quelli di voi altri
ricchi e dediti ai guadagni, e mi ci stizzisco io, e ho
compassione di voi, miei amici, perchè credete di far
qualche cosa e non fate nulla. Probabilmente anche voi
dal canto vostro penserete di me che sono un disgraziato,
e credo che voi crediate il vero; io però di voi non lo
credo, lo so.

Amico. Sei sempre lo stesso, Apollodoro: non fai che
dir male di te e degli altri, e ai tuoi occhi siamo, mi
pare, tutti degl'infelici, all'infuori di Socrate, cominciando da te. Perchè ti chiamino ' tenero ' (3), non so;

---

(1) Da questa indicazione si desume che il banchetto avrebbe avuto
luogo nel 416 a. C.

(2) Aristodemo, anch'egli uno scolare di Socrate, del demo (o comune)
Cidateneo, si faceva, sembra, notare per la sua smania d'imitare il maestro
anche in certe abitudini di vita, come, per esempio, in quella d'andar sempre
scalzo.

(3) Tutti i testi, a cominciare dai più antichi, danno qui μαλακός
' molle ', ' tenero ', lezione respinta dalla maggior parte degli editori, che
hanno accolta invece la correzione μανικός ' pazzo ', ' furioso ', occorrente

ma certo nelle tue parole sei sempre così: acerbo con te stesso e con gli altri, fuorchè con Socrate.

Apoll. Caro mio, e ti par dunque indiscutibile che, se penso così di me e di voi, io debba essere un pazzo e un insensato?

Amico. Apollodoro, non val la pena ora di leticare per questo. Fa senz'altro quello di cui ti abbiamo pregato: dicci quali furono quei discorsi.

Apoll. Ebbene, eccoli qui, a un dipresso... Ma piuttosto sarà meglio che io mi provi a farvi il racconto da capo, come a me lo fece Aristodemo.

174

II. — Egli dunque mi disse (1) di avere incontrato Socrate che usciva dal bagno e calzava delle pantofole, cosa che suol fare (2) di rado, e d'avergli chiesto, dove s'incamminasse così rimbellito.

E l'altro: A cena da Agatone. Ieri mi sottrassi al banchetto della vittoria, per paura della folla. Ma promisi che oggi non sarei mancato. E mi son fatto bello appunto per presentarmi bello ad un bello. Ma tu, gli dimandò, come ti senti disposto a venire a un banchetto non invitato?

____

in parecchi codd. La lezione più antica, ripristinata dal Burnet, nonchè dallo Schoene nella sua revisione dell'edizione dell'Hug, era già stata difesa dal Rückert, e con buone ragioni. Ciò che sappiamo dal ' Fedone ', in cui Apollodoro c'è dipinto come un carattere impressionabilissimo, che passava facilmente dal riso al pianto e viceversa, e che negli ultimi istanti di Socrate si abbandonò a così incomposte manifestazioni di dolore da provocare un richiamo del maestro, accenna, mi pare, piuttosto a un uomo d'indole molle, che ad un furioso o pazzo. Nè la risposta d'Apollodoro, nella quale s'è voluto veder la conferma della lezione μανικός, è una prova addirittura decisiva, giacchè, osserva il Rückert, *non dici haec, ut explanetur caussa cognominis, sed indignantis verba esse, concedentis, ut fit per indignationem, atque in maius augentis id quod amicus dixit. Qui quum reprehendisset nimiam severitatem, hoc ipsum, nimiam esse, arripiens, acerbe respondet: concedo, manifestum est, me qui aliter sentiam atque vos, debere insanire atque delirare.*

(1) Da questo ' disse ' (ἔφη) dipende nel testo tutta la narrazione d'Apollodoro, che nel greco ha la forma d'una *oratio obliqua.*

(2) Qui nel testo c'è ἐποίει ' faceva ' in conformità dell'uso greco, che adopera l'imperfetto per significare uno stato che dura tuttora nel presente. Ma poichè il racconto si suppone fatto, mentre Socrate è ancora in vita, ho sostituito il presente all'imperfetto.

Per me, rispose Aristodemo, sono ai tuoi ordini.

Ebbene, riprese, seguimi, affinchè, mutati i termini, la si faccia finita col vecchio proverbio, mostrando che anche dei buoni ai conviti vanno non invitati i buoni. Omero però, se non mi sbaglio, non si contentò di farla finita con esso, ma volle anche fargli oltraggio, perchè dopo d'averci rappresentato Agamennone come singolarmente prode in guerra, e Menelao come un fiacco guerriero, al sacrifizio ed al banchetto, offerto da Agamennone, fa che intervenga non invitato Menelao, un dammeno alla mensa d'un uomo che valeva di più (1).

E l'altro nell'udir ciò: Ho paura anch'io, Socrate, di non essere quel che tu dici, ma piuttosto, secondo Omero, quel dappoco che va, non invitato, al banchetto d'un sapiente. Del resto, dacchè vuoi condurmici, preparati a giustificare la mia presenza, perchè io per me non dirò d'esserci andato senza invito, ma invitato da te.

In due andando per via (2), riprese, ci consiglieremo su quel che ci converrà di dire. Per ora andiamo.

E scambiate queste parole, s'avviarono. Socrate camminava immerso in qualche pensiero, e rimaneva indietro; e poichè egli si fermava ad attenderlo, gli disse d'andar pure innanzi. Giunto a casa d'Agatone trovò la porta spalancata, e lì, disse, gli capitò una cosa da ridere.

---

(1) C'è nella risposta di Socrate un giuoco di parole che non è possibile rendere in italiano. Il proverbio era, pare, δειλῶν ἐπὶ δαῖτας ἴασιν αὐτόματοι ἀγαθοί « degl'inferiori ai conviti vanno non invitati i buoni » o anche meglio « dei vili (o dei deboli) ai conviti vanno non invitati i forti ». Socrate, giuocando sulla somiglianza che, a parte l'accento, c'è tra ἀγαθῶν ' dei buoni ' e 'Αγάθων' = 'Αγάθωνι ' ad Agatone ' rifà il proverbio in modo che esso si presti a dire tanto « dei buoni ai conviti vanno i buoni non invitati », quanto « da Agatone ai conviti vanno i buoni non invitati ». E si noti che anche il nome 'Αγάθων corrisponde suppergiù a ' Omobono '. Quanto ad Omero poi Socrate, celiando, immagina che il poeta nel fingere (*Il.* II 408) che Menelao ' fiacco guerriero ' vada non invitato alla mensa d'un prode come Agamennone, abbia voluto addirittura fare oltraggio al proverbio; che egli, invertendone gli estremi, avrebbe implicitamente (giacchè al proverbio in Omero non s'accenna nè punto nè poco) rifoggiato in quest'altra forma ἀγαθῶν ἐπὶ δαῖτας ἴασιν αὐτόματοι δειλοί ' dei forti ai conviti vanno non invitati i vili '.

(2) Allusione a un luogo omerico; cf. *Il.* X 224.

Giacchè gli si fece subito incontro uno dei servi d'Agatone, e lo condusse dove gli altri, sdraiati a mensa, erano
quasi sul punto di mettersi a cenare. Come Agatone lo
vide: Oh! Aristodemo, gli disse, giungi in buon punto
per cenare con noi. Ma se ci sei venuto per altro, rimet-
tilo a poi, perchè anche ieri ti cercai per invitarti senza
riuscire a vederti. Ma com'è che non ci hai condotto
Socrate?

A queste parole, diceva, mi volsi indietro, ma non
vidi in nessun luogo che Socrate mi seguisse, e dissi:
Venivo appunto con Socrate, invitato da lui qui al banchetto.

Ed hai fatto benone. Ma dov'è Socrate?

175   Un momento fa mi seguiva; ma ora dov'è? Sono io
pure sorpreso di non vederlo.

Va subito a cercarlo, ragazzo, disse Agatone, e in-
troducilo qui. E tu, Aristodemo, prendi posto a lato ad
Erissímaco (1).

III. — E mentre un servo gli lavava i piedi, perchè
potesse sdraiarsi, un altro entrò dicendo: Questo Socrate
s'è ritratto nel vestibolo d'una casa qui accanto, e sta
lì fermo. Io l'ho chiamato, ma non ha intenzione d'entrare.

Strano!, disse Agatone; corri dunque a chiamarlo, e
non smettere, finchè non si muova.

No, no, diceva d'aver soggiunto Aristodemo. Lasciatelo stare. Egli l'ha quest'abitudine. Certe volte si tira
da parte e riman fermo dove gli capita. Verrà ben presto,
ritengo. Non lo disturbate; lasciatelo stare.

Facciamo pure così, se codesto è il tuo avviso, disse
Agatone. E voi, ragazzi, dateci da mangiare a noi altri,
e imbanditeci tutto quel che vi pare. Non c'è nessuno
che vi sorvegli: è una bega che non mi son mai presa.
Fate conto che ci abbiate voi invitati a cena, me e questi
altri, e trattateci in modo da meritare i nostri elogi.

Dopo ciò, diceva, si misero a desinare, ma Socrate
non compariva. Agatone aveva ordinato più volte che

---

(1) Erissímaco, figlio d'Acúmeno, era, come il padre, un medico ben
noto in Atene.

s'andasse a rilevarlo, ma egli non l'aveva permesso. Finalmente, men tardi però che non fosse nelle sue abitudini, ma tuttavia quando la cena era già a mezzo, Socrate entrò. E Agatone, che occupava l'ultimo posto, per caso da solo: Vien qua, Socrate, disse; sdraiati accanto a me, affinchè al tuo contatto m'avvantaggi anch'io di quel pensiero sapiente di cui ti sei arricchito nel vestibolo. Perchè gli è certo che l'hai trovato e lo possiedi: chè prima non ti saresti mosso.

Socrate si mise a sedere e rispose: Sarebbe, Agatone, una gran bella cosa, se la sapienza fosse cosiffatta, che potesse scorrere dal più ripieno nel più vuoto di noi, al solo toccarci a vicenda, come l'acqua nei bicchieri, che a traverso un fil di lana scorre da uno più colmo in un altro più vuoto! Se lo stesso avviene anche della sapienza, son io che devo far gran conto d'essere accanto a te, giacchè penso che, mercè tua, mi riempirò di molta e squisita sapienza. La mia non può essere che povera cosa o anche di dubbio valore, come un sogno; ma la tua è luminosa e destinata ad un grande avvenire, dal momento che da te, giovane ancora, ha sfolgorato poco fa di così viva e chiara luce davanti agli occhi di più che trentamila Elleni.

Sei un gran canzonatore, Socrate, disse Agatone. Ma di questa faccenda della sapienza discuteremo fra poco tu ed io, e ne prenderemo a giudice Dióniso (1). Per ora pensa a mangiare.

IV. — Dopo di ciò, raccontava Aristodemo, Socrate 176 si sdraiò, e finito che ebbero di cenare, lui e gli altri, fecero le libazioni, cantarono un inno in onore del dio, adempirono tutte le pratiche di rito (2), e quindi si vol-

____

(1) Dióniso, il dio della poesia dramatica, per un poeta tragico era il miglior giudice al quale potesse appellarsi.

(2) Queste cerimonie erano: 1° i convitati bevono un sorso di vino puro in onore del ' démone buono ' [del buon genio]; 2° i servi sparecchiano; 3° e portano acqua perchè i convitati si lavino le mani una seconda volta (la prima volta l'han fatto prima di mettersi a cena); 4° distribuiscono ancora corone ed unguenti; 5° poi si fanno le libazioni di vino temperato, la prima a Zeus Olimpio (o alla Sanità), la seconda agli Eroi, la terza a

sero al bere. Pausania (1) allora fu il primo a prender la parola e: Orsù, disse, amici miei, che regola terremo nel bere per aggravarci il men che si possa? Per me vi confesso che mi sento veramente male per l'abuso di ieri, e ho bisogno d'un po' di respiro; e così forse la più parte di voi, chè ieri c'eravate. Vedete dunque come si possa bere con la maggior discrezione possibile.

Hai ben ragione, soggiunse Aristofane (2), di volere ad ogni modo che si vada un po' adagio nel bere. Io son proprio tra' sommersi di ieri.

Sentito ciò: Egregiamente, amici, disse Erissímaco di Acúmeno. Ed ora non ho bisogno, che d'udire come si trovi in forze per bere un altro solo di voi, Agatone.

No, no davvero, non me la sento neppur io, rispose costui.

Tanto meglio per noi, mi pare, disse Erissímaco, per me, per Aristodemo, per Fedro e per questi altri, se ora cedete il campo voi che siete dei bevitori a tutta prova, giacchè noi siamo sempre debolissimi. Quanto a Socrate, egli fa eccezione: si trova a posto in un caso e nell'altro, e gli sarà indifferente comunque si beva. Dacchè, dunque, nessuno dei presenti è disposto a bere di molto, non vi rincrescerà, spero, ch'io vi dica la verità a proposito dell'ubriacarsi. Dalla pratica della medicina ho cavato questa convinzione: che per gli uomini è dannoso l'abuso del vino; e di mia volontà non eccederei mai nel bere, nè lo consiglierei ad un altro, soprattutto se si risente ancora della sbornia del giorno prima.

Per me non c'è caso, prese a dire Fedro da Mirrinunte (3); io ho l'abitudine di seguire i tuoi consigli, specie quando parli di medicina; ma ora, se hanno giudizio, faranno così anche gli altri.

Zeus salvatore. L'ultima tazza che si beveva a questo si diceva la ' perfetta '......; 6° spesso alle libazioni seguiva una musica di flauti e un bruciamento d'incensi; 7° con la prima libazione s'accompagnava il canto di un inno religioso. (Dal Bonghi).

(1) Doveva essere un ammiratore di retori e sofisti, ma è noto soprattutto come amante d'Agatone.

(2) Aristofane, è superfluo dirlo, è il famoso comediografo.

(3) Su Fedro v. la nota alla mia versione del *Fedro*.

Udito ciò, tutti convennero che non si dovesse far del bere il passatempo di quella riunione, ma che ognuno bevesse quanto e come gli accomodava.

V. — Poichè è stata accolta la mia proposta, che ognuno beva quanto gli accomoda, disse Erissímaco, e che non ci sia nessun obbligo, ne faccio ancora un'altra: quella di mandar via la suonatrice di flauto entrata dianzi, perchè suoni per conto suo o, se vuole, per le donne di casa, e che noi oggi si passi il tempo a conversare fra noi. E voglio anche, se me lo permettete, proporvi il tema dei discorsi.

Tutti consentirono e lo esortarono a farne la pro- 177 posta. E comincerò, riprese Erissímaco, come la ' Mélanippe ' di Euripide (1): Miei non son questi detti che m'accingo a pronunziare, ma di Fedro qui presente. Non passa occasione infatti ch'egli non mi ripeta indignato: « Ma Erissímaco, non è enorme, che mentre i poeti han cantato inni e peani in onore degli altri dei, di Eros, un così antico e possente iddio, neppur uno de' tanti poeti, che ci sono stati, abbia mai composto un elogio? E se poi vuoi guardare ai buoni sofisti, essi hanno scritto in prosa le lodi di Éracles e di altri, come quel valentuomo di Pródico (2)... E questo certo è sorprendente; ma c'è di peggio. A me proprio una volta accadde d'imbattermi in un libro d'un sapiente, in cui si facevano sperticate lodi del sale pei vantaggi che reca. E puoi vedere parecchie altre cose simili celebrate con lode... Spender tanta cura intorno a siffatti argomenti, e per Eros non esserci nessuno fin oggi, che abbia osato farne un' degno elogio: a tal punto è trascurato un così grande iddio! » — E in ciò, secondo me, Fedro ha ben ragione. Io dunque, oltre che desidero di pagare il mio contributo a costui e fargli cosa grata, ritengo che questo sia per noi qui radunati proprio il momento di adornare di lodi il dio. E se così pare anche a voi, ecco trovato forse un

---

(1) Cf. Nauck, *Trag. Gr. Fragmm.*[2] framm. 484, p. 511.

(2) È quello che si trova riferito in sunto da Senofonte nei ' Memorabili ' II 21, 1 sgg., e che fu tradotto dal Leopardi col tit. ' Ercole '.

buon argomento di conversazione. In sostanza io propongo che ciascuno di noi, per turno a destra, dica le lodi di Eros, come può meglio, e sia il primo Fedro, non solo perchè egli occupa il primo posto, ma anche perchè egli è il padre del discorso.

Nessuno, Erissímaco, disse Socrate, voterà contro la tua proposta. Nè potrei certo oppormici io, che dichiaro di non esser competente in altro che in cose d'amore; nè vi si opporranno Agatone e Pausania e tanto meno Aristofane, la cui vita è tutta così profondamente devota a Dióniso ed Afrodite, o qualche altro di quelli che vedo qui presenti. Senza dubbio, la partita non è uguale per noi che siamo negli ultimi posti; ma se quelli che ci precedono parleranno esaurientemente e bene, noi saremo sodisfatti. Dunque, con buona fortuna, inauguri Fedro la serie dei discorsi e pronunzî l'elogio di Eros.

A queste parole anche gli altri fecero eco e ripetettero l'invito di Socrate. Ma di tutto ciò che ognuno disse, nè Aristodemo si rammentava con precisione, nè io, dal canto mio, di tutto quello che egli mi riferì. Vi dirò per altro le cose più degne di ricordo e i discorsi, che mi parvero tali, di ciascuno.

VI. — Come dunque dicevo, stando al racconto d'Aristodemo, Fedro fu il primo a parlare e cominciò suppergiù a questo modo: Eros è un grande iddio e ammirabile tra gli uomini e tra gli dei, oltrechè per tante altre ragioni, soprattutto per la sua origine. Perchè l'essere tra gli antichi iddii antichissimo è cagion d'onore, diceva, e ne abbiamo la prova. Difatti genitori di Eros nè vi sono, nè si rammentano da verun prosatore o poeta; anzi Esiodo dice (1) che dapprima fu il caos,

ma dopo

Gea dall'ampio seno, saldissima, eterna di tutto
sede ed Eros;

---

(1) Cf. *Theog.* 116 sgg.

e con Esiodo s'accorda Acusilao (1) nell'affermare che dopo il Caos si generassero questi due, Gea ed Eros. E Parmenide dice della generazione che

infra gl'iddii tutti Eros concepì per il primo (2).

E così da molte parti si consente che Eros fu tra gli antichi antichissimo. E perchè antichissimo, è cagione a noi dei più grandi beni. Io infatti non so dire qual maggior bene possa esservi per chi entri appena nell'età dell'adolescenza d'un amante buono, e per l'amante d'un fanciullo amato. Giacchè ciò che agli uomini deve servir di guida per tutta la vita, se vogliono nobilmente vivere, questo non valgono ad ispirarlo altrettanto bene nè la comunanza di sangue, nè gli onori, nè la ricchezza, nè alcun'altra cosa, quanto l'amore. E che è mai questo? La vergogna per ciò che è brutto, l'ambizione per ciò che è bello, senza le quali nè ad uno Stato, nè ad un privato è possibile operare grandi e nobili opere. Ebbene io affermo che un uomo che ami, se fosse sorpreso in atto di commettere qualcosa di brutto o di soffrirla da un altro senza reagire per vigliaccheria, non s'affliggerebbe tanto ad esser visto nè da suo padre, nè dai compagni, nè da nessun altro, quanto dal suo diletto fanciullo. Così del pari vediamo che anche l'amato si vergogna soprattutto degli amanti, ove sia sorpreso a commettere qualcosa di brutto. Se dunque ci fosse modo d'avere uno Stato o un esercito composto d'amanti e d'amati, non potrebbe esserci per la loro città miglior governo di costoro, perciocchè s'asterrebbero da ogni cosa turpe e gareggerebbero di virtù fra loro (3); e combattendo gli 179

---

(1) Acusilao d'Argo era un logografo contemporaneo delle guerre persiane, autore di ' Genealogie '.

(2) Questo verso faceva parte del poema Περὶ φύσεως ' Sulla natura ' del grande filosofo di Elea, fiorito tra la fine del VI e il principio del V s. a. C. Cf. DIELS, *Vorsokr.* I³ p. 162, 13.

(3) Letteralmente: Se dunque si trovasse modo che ci fosse uno Stato o un esercito d'amanti e d'amati, non potrebbero governar meglio la propria città, che astenendosi da tutte le cose brutte e gareggiando fra loro ecc.

uni accanto agli altri, costoro, anche in pochi, vincerebbero, per così dire, il mondo intero. Giacchè un amante, esser visto dall'amato a disertare il posto o gittar via le armi, lo ammetterebbe meno, che da tutti gli altri uomini, e prima che questo preferirebbe mille volte la morte. E abbandonare il proprio innamorato o non soccorrerlo nel pericolo... non v'è nessuno tanto vile, che Eros stesso non possa animare d'un divino coraggio così da renderlo pari all'uomo più di sua natura valoroso. E quel che Omero dice (1): avere un dio ispirato l'ardire in taluni eroi, questo appunto per virtù propria Eros l'effettua negli amanti.

VII. — Ed infatti solo quelli che amano son pronti a morire in cambio d'un altro; nè soltanto gli uomini, ma anche le donne. E di questo ci offre, a noi Elleni, una testimonianza bastevole la figliuola di Pelia, Alcéstide (2), che fu sola a voler dare la propria vita in cambio di quella del marito, sebbene questi avesse e padre e madre tuttora viventi. Ma costoro per virtù d'amore ella li sopravanzò tanto nell'affetto, da farli apparire degli estranei al figliuolo e legati a lui unicamente di nome. E per aver fatto ciò parve non solo agli uomini, ma anche agli dei che avesse fatto cosa tanto bella, che quantunque molti avesser compiuto molte belle azioni, a ben pochi gli dei concessero questo premio, di richiamarne l'anima dall'Ade; ma quella di lei la richiamarono, ammirati di ciò ch'ella aveva fatto; tanto altamente onorano anco gl'iddii un amore profondo e virtuoso! Invece rimandaron via dall'Ade a mani vuote Orfeo d'Eagro, dopo d'avergli mostrato il fantasima della moglie, per la quale egli era sceso laggiù, senza per altro dargli la donna, perchè parve loro ch'ei mancasse di coraggio, da quel citaredo ch'egli era, e non gli bastasse l'animo d'affrontare per amore la morte, come Alcéstide, ma s'ingegnasse da vivo di penetrare nell'Ade. E però lo punirono, fa-

---

(1) È un modo di dire che ricorre più volte nei poemi omerici.

(2) La devozione di questa eroina verso il marito forma il soggetto d'una tragedia d'Euripide, intitolata appunto ' Alcèstide '.

cendolo morire per mano di donne. Al contrario, onora-
rono Achille, il figlio di Tétide, e gli assegnarono un posto
nell'isole dei beati, perchè, sebbene avvertito dalla madre
che sarebbe morto come avesse ucciso Ettore, laddove,
se ciò non avesse fatto, ritornato a casa, vi sarebbe
finito di vecchiezza; egli, bramoso di correre alla riscossa
dell'amante Pátroclo e vendicarlo, osò non solo di morire
per lui, ma di soprammorire a lui estinto. Ond'anche gli 180
dei, compresi di viva ammirazione, gli concessero un
onore addirittura segnalato, dacchè aveva mostrato di
tenere in così alto pregio l'amante. Ed Eschilo vaneggia,
quando afferma che Achille era l'amante di Pátroclo (1).
Achille era più bello non solo di Pátroclo, ma di tutti
quanti gli altri eroi, ed era ancora imberbe, e per giunta
più giovane di molto, come dice Omero. Gli è che in
realtà, se gli dei onorano singolarmente questa virtù
dell'amare, essi tuttavia ammirano e pregiano e ricom-
pensano più largamente la devozione dell'amato per
l'amante, che non quella dell'amante per l'amato.
L'amante infatti è qualcosa di più divino dell'amato,
perchè posseduto dal dio. E perciò appunto gli dei ono-
rarono Achille a preferenza d'Alcéstide, assegnandogli
un posto nell'isole dei beati.

Per conto mio, adunque, concludo che Eros è tra
gli dei il più antico, il più augusto, il più capace di
rendere virtuosi e felici gli uomini, così in vita come in
morte.

VIII. — Questo a un dipresso, disse Aristodemo, il
discorso di Fedro. Altri ne seguirono dei quali non si
rammentava bene e che omise, e passò al discorso di
Pausania, che parlò così: A me pare che non ci si sia proposto con chiarezza il tema del discorso, quando s'è detto,
così senz'altro, di pronunziare l'elogio di Eros. Se Eros
non fosse che un solo, via, la cosa potrebbe andare. Ora
ecco, esso, non è un solo, e non essendo un solo, è più

---

(1) Accenno ad una tragedia perduta, intitolata 'I Mirmidoni',
nella quale talune espressioni affettuose d'Achille erano da alcuni interpre-
tate come qui si compiace d'interpretarle Fedro.

giusto che si fissi in precedenza quale s'abbia a lodare. Io dunque mi proverò a rimetter le cose a posto, a dire in primo luogo qual è l'Eros che merita lode, e poi a pronunziarne l'elogio in maniera degna del nume. Tutti infatti sappiamo che Afrodite non è senza Eros. Se Afrodite fosse una sola, non ci sarebbe che un solo Eros; ma poichè di Afroditi ce n'è due, due devono essere di necessità anche gli Erotes. E come non sono due le dee? L'una è più antica, non ha madre, è figliuola d'Urano, e però è detta Urania [o celeste]; l'altra è più giovane, è figliuola di Zeus e di Dione e la chiamiamo *Pandemos* [o volgare]. Ne consegue perciò che l'Eros, collaboratore di questa, si chiami a buon diritto *Pandemos* [o volgare] e l'altro Uranio [o celeste]. E se giusto è che tutti gli dei si lodino, è pur necessario provarsi a dire le qualità toccate in sorte a ciascuno dei due. Perchè d'ogni nostro atto può affermarsi questo: che esso di per sè non è nè bello nè brutto. Per esempio, ciò che ora noi facciamo: bere, cantare, discorrere, nessuna di queste cose è di per sè bella, ma nel fatto divien tale, secondo il modo come si fa. Fatta bene e rettamente diventa bella; non rettamente, brutta. E così anche l'amare ed Eros non è tutto bello e degno d'esser lodato, ma solo quello che nobilmente spinge ad amare.

IX. — L'Eros quindi, collaboratore dell'Afrodite volgare, è veramente volgare, ed opera come gli vien fatto; e questo è l'Eros che amano gli uomini di animo basso. Costoro innanzi tutto amano non meno le donne che i fanciulli, e poi, pur di quelli che amano, i corpi a preferenza delle anime, e poi ancora i meno intelligenti che possano, giacchè essi non mirano ad altro, che a sodisfarsi, non importa se bellamente o no. Onde accade loro di fare come capita, nello stesso modo il bene e nello stesso modo il contrario. Perocchè quest'Eros trae anche origine dalla dea che è ben più giovane dell'altra e che dal modo, onde fu generata, partecipa di femmina e di maschio. L'altro invece è dell'Afrodite celeste, la quale in primo luogo non partecipa di femmina, ma solo di maschio — ed è questo l'amore dei giovanetti — e poi è più antica, pura d'ogni lascivia. Onde al maschio appunto si volgono gl'ispirati da questo amore, perchè prediligono quel che è per natura più forte e più intelligente. Ed anche nello stesso amor pei fanciulli è possibile discernere quei che sono sinceramente mossi da questo amore. Giacchè essi non amano i fanciulli, se non quando questi comincino a dar segni d'intelligenza, cioè con lo spuntare sul volto della prima lanugine. Coloro infatti, che cominciano ad amare da quel momento, si mostran disposti, secondo me, a legarsi per tutta la vita al giovanetto amato e a viver con esso in comune, non già, dopochè l'abbian tratto in inganno per averlo sorpreso nella sua inesperienza giovanile, a ridersi di lui e correre ad altri amori. Converrebbe anzi che una legge vietasse l'amare i fanciulli, affinchè un grande studio non si spendesse in cosa d'esito incerto, perchè incerta è la riuscita dei fanciulli, dove vada a riuscire, quanto a vizio e virtù d'animo e di corpo. Questa legge, è vero, i buoni se la impongono spontaneamente a sè medesimi; nondimeno sarebbe necessario che a ciò codesti amanti volgari fossero anche costretti, come, per quanto è possi- 182 bile, li costringiamo ad astenersi dall'amare le donne di libera condizione. Poichè sono essi appunto che hanno anche disonorato l'amore, tanto che alcuni osan di dire che è brutta cosa compiacere agli amanti. E dicon così, perchè hanno dinanzi agli occhi costoro, e vedon di questi il procedere intempestivo ed ingiusto, laddove non c'è cosa che, fatta con decoro e in conformità del costume, possa giustamente meritar biasimo.

E certo qual sia nelle altre città la norma (1) circa l'amore, è facile intendere, chè il concetto ne è semplice. Ma da noi e a Lacedemone essa è varia. Così nell'Élide, tra' Beoti e dove non son punto esperti nel dire, è senz'altro ammesso come bello il compiacere agli amanti; e nes-

---

(1) Il testo ha qui la parola νόμος ' legge ', che comprende così la legge scritta, la legge in senso ristretto, come l'opinion pubblica, la consuetudine, la norma, il costume. Io l'ho tradotta di solito così, ma anche in qualche caso, nel quale in questo discorso di Pausania mi son valso della parola ' legge ' s'intende che a questa parola va dato il significato più largo che ha nel greco.

suno, sia giovane o vecchio, oserebbe tacciarlo di turpe, affinchè, credo, non incontrino difficoltà nel persuadere i giovani per via di ragionamenti, inetti come sono al parlare. Per contro in molti luoghi della Ionia e in altri paesi, soggetti ai barbari, la cosa è ritenuta senz'altro quale una bruttura. Pei barbari, infatti, a cagion delle tirannidi, è brutto questo, non men che lo studio della sapienza e della ginnastica, perocchè, credo, non conviene ai governanti che allignino alti sensi nei governati e si stringano indissolubili amicizie e intimità, che, tra tanti altri, è il più meraviglioso effetto, che si compiace di produrre l'amore. E ciò anche i nostri tiranni sperimentaron col fatto, chè l'amore di Aristogítone e l'amicizia d'Armodio (1), divenuta salda, abbatterono la loro signoria. E, così, dov'è considerata brutta cosa compiacere agli amanti, ciò si deve alla malizia dei legislatori, alla prepotenza dei dominanti e alla viltà dei soggetti; e dove invece fu senz'alcuna eccezione considerata come cosa bella, alla pigrizia d'animo di chi fece la legge.

Da noi al contrario la consuetudine è assai più bella, sebbene, come ho detto, non sia agevole penetrarne lo spirito. — X. — Chi consideri infatti come sia opinion comune che all'amare di soppiatto sia preferibile l'amare palesemente e soprattutto i più generosi e i migliori, per quanto men leggiadri d'aspetto, e come per converso l'amante abbia da tutti mirabile incoraggiamento ad amare, non come chi faccia qualcosa di brutto, e sia tenuto in gran conto chi conquista e deriso chi si lascia sfuggire la preda, e come nel tentar di siffatte conquiste i nostri costumi abbian concesso all'amante d'aver lode, anche se faccia cose sbalorditive e tali, che se uno osasse farle per correr dietro a qualunque altro oggetto e per 183 conseguire qualunque altro scopo, all'infuori di questo, ne raccoglierebbe i maggiori biasimi... (2) se, ad esempio, per ottener danari da qualcuno o un pubblico ufficio o

____

(1) Ad Armodio e Aristogitone, i famosi tirannicidi, l'opinione comune degli Ateniesi attribuiva la cacciata dei Pisistratidi.

(2) Qui il testo ha φιλοσοφίας 'da parte della filosofia', che la maggior parte degli editori, compreso il Burnet, s'accordano a considerare come un'aggiunta arbitraria o errore dei copisti.

qualsiasi altro potere uno s'inducesse a far ciò che fanno con gli amati gli amanti, i quali nelle loro richieste e pregano e supplicano e giuran giuramenti e dormono dinanzi alle porte e servon volenterosi delle servitù quali nessun servo; ei sarebbe impedito dal fare siffatte cose e da amici e da nemici, dei quali gli uni gli rinfaccerebbero adulazioni e bassezze, gli altri lo ammonirebbero e arrossirebbero di esse. Eppure all'amante che faccia tutte queste cose s'accresce grazia, e gli è permesso dal costume di farle senza biasimo, quasi che faccia de' fatti oltremodo belli. E quel ch'è più grave, che, almeno a quanto si dice, se anche giura, a lui soltanto gli dei perdonano di spergiurare, perchè giuramento amoroso, sostengono, non esiste (1). Così e gli dei e gli uomini han fatto lecita ogni licenza all'amante, come la legge di qui dice. Da questo lato, dunque, si può credere che nella città nostra si stimi una gran bella cosa e l'amare e il compiacere agli amanti. Ma poichè i padri, preponendo dei pedagoghi agli amati, non li lascian discorrere con gli amanti, e questo raccomandano al pedagogo, e coetanei e compagni li vituperano, quando vedano avvenire qualcosa di simile, e quei che vituperano non son d'altronde nè trattenuti e neppur biasimati dai più anziani, come que' che non dicano giusto... chi badi per l'opposto a tutto ciò, può credere che la si ritenga qui la più brutta cosa del mondo. Secondo me, invece, la cosa sta a questo modo: non è semplice, e, come s'è detto in principio, non è di per sè nè bella nè brutta; ma bella, se fatta bellamente, brutta, se bruttamente. Ed è, insomma, bruttamente fatta, quando si compiaccia ad un malvagio e male; bellamente, quando ad un buono e bene. E malvagio è quell'amante, l'amante volgare, l'amante del corpo a preferenza dell'anima, perchè non è neppure stabile, come colui che ama cosa neppur essa stabile. Giacchè insieme con lo sfiorire della bellezza del corpo, che egli amava, vassene via a volo (2), diso-

---

(1) È un modo proverbiale che negli scrittori greci ricorre sotto varie forme.

(2) Reminiscenza omerica; cf. *Il.* II 71.

norando tanti discorsi e promesse. Ma chi ama l'indole buona riman costante per la vita, come colui che s'è 184 attaccato a cosa stabile. E costoro appunto il nostro costume vuol mettere a prova bene e bellamente, e che agli uni si compiaccia, dagli altri si fugga. E però appunto gli uni esorta a dar la caccia, gli altri a fuggire, istituendo una gara e mettendo a prova di qual mai sorta sia l'amante e di quale l'amato. E così, per questo motivo, in primo luogo il lasciarsi accalappiare subito è ritenuto brutto, affinchè ci sia di mezzo del tempo, il quale può, sembra, metter bellamente a prova la maggior parte delle cose; e poi l'essere accalappiato dal danaro e dalla potenza politica è brutto, sia che uno, maltrattato, si avvilisca e non resista, sia che, beneficato di danari o agevolato nelle faccende pubbliche, non disprezzi. Chè nessuna di tali cose par che sia nè ferma nè stabile, senza dire che non può neppur nascere da esse una generosa amicizia. Sicchè, secondo il nostro costume, una sola via rimane, se all'amante deve bellamente compiacere l'amato. È infatti legge per noi che, siccome per gli amanti il servir volentieri qualunque servitù agli amati non è, come s'è visto, nè adulazione nè vergogna, così appunto anche un'altra servitù sola volontaria rimane non vergognosa, e questa è quella che ha per oggetto la virtù. — XI. — Perocchè presso di noi è ammesso che, ove qualcuno voglia servire un altro, stimando di poter divenire per via di quello migliore o in sapienza o in qualsiasi altra parte di virtù, questa servitù volontaria non è dal canto suo brutta, e non è nemmeno adulazione. Onde conviene che queste due leggi convergano insieme al medesimo segno, e quella che ha per oggetto l'amor dei fanciulli e quella che ha per oggetto l'amore della sapienza e d'ogni altra virtù, se dovrà riuscire a bene il compiacere dell'amato all'amante. Perchè, quando s'incontrino l'amante e l'amato, ciascuno recando la propria legge, l'uno che nel prestare qualsiasi servigio al giovanetto che gli ha compiaciuto, glielo presti secondo giustizia, l'altro che nel concedere qualsiasi favore a chi lo rende sapiente e buono, glielo conceda secondo giustizia; e l'uno, potente di senno e d'ogni altra virtù, ne dia; l'altro, bisognoso di educazione e d'ogni altra sapienza, ne acquisti; allora, queste leggi convergendo nel medesimo segno, in questo caso soltanto accade che sia bello che l'amato compiaccia all'amante; in ogni altro, no. E in questo caso anche il trovarsi ingannato non è punto brutto; in tutti gli altri, si sia o no ingannati, porta vergogna. E così, se qualcuno a un amante, 185 stimandolo ricco, in vista della ricchezza avesse compiaciuto e si trovasse poi ingannato e non ne cavasse danari, perchè l'amante s'è scoperto povero, non sarebbe per questo men brutto, dappoichè un amato siffatto mostra, per quel ch'è in lui, che in vista del danaro sarebbe pronto a prestare qualunque servigio a qualunque persona; e questo non è bello. E parimente, se uno che ha compiaciuto all'amante stimandolo buono e pensando di potere egli stesso, mercè l'amicizia dell'amante, divenir migliore, si trova ingannato, perchè l'altro si scopre malvagio e destituito di virtù, ciò nonostante l'inganno è bello, perchè anche questi, per ciò ch'era in lui, ha mostrato che in vista della virtù e per divenir migliore è pronto a fare qualsiasi cosa per qualsiasi persona; e questa, per converso, è la più bella cosa di tutte. Così è in tutto totalmente bello compiacere per fine di virtù.

Questo è l'amore della dea celeste, l'amor celeste e di gran pregio per uno Stato e pei privati, che costringe e l'amante rispetto a sè medesimo e l'amato a porre ogni studio per l'acquisto della virtù. Tutti gli altri sono amori dell'altra, dell'Afrodite volgare. Ed eccoti, Fedro, intorno ad Eros il contributo, che così, improvvisando, m'è riuscito di dare.

Allorchè Pausania ebbe fatto pausa — i sapienti (1) m'insegnano a fare di siffatte assonanze — avrebbe dovuto, diceva Aristodemo, parlare Aristofane. Senonchè costui, o per aver mangiato troppo o per altro motivo, era stato colto dal singhiozzo e non era in grado di discorrere; ma, poichè nel letto, a destra di lui, c'era il medico Erissímaco, gli disse: Erissímaco, tocca a te di liberarmi

---

(1) Vale a dire i sofisti e i retori.

subito di questo singhiozzo, o di parlare invece mia,
finchè non mi sia cessato.

Ed Erissímaco: Ma farò l'una cosa e l'altra, rispose.
Io parlerò ora per te, e quando ti sarà cessato il singhiozzo, parlerai tu invece mia. E mentre io parlo, se,
trattenendo a lungo il respiro, il singhiozzo vorrà andarsene, < tanto di guadagnato >; se no, fa' dei gargarismi
con l'acqua. Chè se poi fosse addirittura ostinato, prendi
qualche cosa da solleticarti le narici e cerca di starnutire.
Basta che faccia così una o due volte, e cesserà per ostinato che sia.

Affrettati dunque a parlare, disse Aristofane; io seguirò i tuoi suggerimenti.

XII. — Ed Erissímaco disse: Orbene, dal momento
che Pausania, dopo d'aver preso bene le mosse per il
186 suo discorso, non l'ha compiuto a dovere, credo che a
me convenga di provarmi a completare il suo discorso.
Che Eros sia doppio, pare a me che egli abbia fatto benissimo a distinguere; però che esso non sia soltanto negli
animi umani rispetto alle belle persone, ma che abbia
molti altri obietti e sia in altri, nei corpi di tutti gli
animali e nelle piante della terra e, per dirlo in una
parola, in tutti gli esseri, credo d'averlo imparato dalla
medicina, dalla nostra arte, com'egli sia un dio grande
e meraviglioso, ed estenda il suo potere su tutte le cose
umane e divine. E comincerò, parlando, dalla medicina,
anche per rendere omaggio all'arte. Infatti la natura dei
corpi ha questo doppio Eros, giacchè la sanità del corpo
e la malattia sono, per consenso unanime, cosa diversa
e dissimile; e il dissimile desidera ed ama cose dissimili.
Altro, dunque, è l'amore che risiede nel sano, altro quello
che risiede nel malato. Ed appunto, come Pausania diceva or ora, che è bello compiacere ai buoni tra gli uomini,
ma brutto ai dissoluti, così anche negli stessi corpi è
bello e conviene compiacere a ciò che v'è di buono e di
sano in ciascun corpo — ed è ciò a cui si dà nome di
medicina — ma brutto compiacere a ciò che v'è di
cattivo e di morboso, e si deve negare a questo ogni
favore, se si vuol essere un medico esperto. Perchè la

medicina, in sostanza, è la scienza delle tendenze amorose del corpo a riempirsi e a vuotarsi; e chi sa distinguere in esse l'amor bello dal brutto, costui sarà il più
acuto medico; e chi è capace di produrre tal mutamento,
che i corpi acquistino l'un amore in cambio dell'altro, e
in quelli, nei quali non sia amore e dovrebbe esserci,
sappia farlo nascere e da quelli nei quali sia < e non
dovrebbe >, espellerlo, questi potrà esser davvero un
medico abile. Occorre infatti che egli possegga la capacità di metter d'accordo gli elementi più avversi, esistenti nel corpo, e procurare che si amino l'un l'altro.
E avversissimi sono gli elementi affatto contrarî, il freddo
e il caldo, l'amaro e il dolce, il secco e l'umido, e via
dicendo. E perchè seppe ispirare in essi amore e concordia, Asclépio (1), il nostro capostipite, come affermano
i nostri poeti, ed io credo, fondò la nostra scienza. La
medicina, dunque, dicevo, è governata tutta intera da
questo dio; e al pari di essa anche la ginnastica e l'agricoltura. Quanto alla musica poi è chiarissimo a chiunque 187
voglia appena riflettervi, che il caso è affatto identico,
e questo forse volle dire anche Eraclito, sebbene egli non
lo esprima in forma perspicua. L'uno, egli dice, discor-
dando con sè medesimo si accorda, come armonia d'arco e di lira (2). È difatti un vero assurdo
affermare che l'armonia discordi o risulti da cose tuttora
discordi. Ma forse egli voleva appunto dir questo: che
essa nasce da cose per l'innanzi discordi, l'acuto e il
grave; ma che in seguito si sono accordate per opera del-
l'arte musicale, giacchè non è in alcun modo possibile che
dall'acuto e dal grave, tuttora discordi, nasca armonia,

---

(1) Asclépio o Esculapio era un eroe-medico divenuto più tardi un
dio-medico. I suoi discendenti, gli Asclepíadi, tra cui Erissímaco pone sè
medesimo, dovevano essere in origine una gente congiunta da legami di
sangue, in cui era tradizionale la cognizione e la pratica della medicina.
Le famiglie di Asclepíadi più celebri erano quelle di Cos, a cui apparteneva
il grande Ippocrate, e di Cnido. Ma in tempi più recenti tutti i medici,
compiacendosi di far risalire al dio la propria genealogia, presero indistin-
tamente il nome d'Asclepíadi.

(2) Cf. DIELS, *Vorsokr.* I³ p. 87, 51.

che è consonanza, e consonanza è in certo modo consenso, e il consenso non può nascere da cose discordanti, finchè discordino; e d'altra parte ciò che discorda e non consente non può costituire armonia. Così, per esempio, anche il ritmo nasce dal veloce e dal lento, da cose che discordavano prima, ma che consentirono poi. E in tutte queste cose il consenso, come lì dalla medicina, qui è posto dalla musica, che v'ispira amore e concordia vicendevole. E però la musica è, a sua volta, la scienza delle tendenze amorose in fatto d'armonia e di ritmo. Nella composizione. considerata a parte da sè, e dell'armonia e del ritmo non è punto difficile discernere le tendenze amorose, nè quivi c'è il doppio amore. Ma quando occorra servirsi del ritmo e dell'armonia in rapporto con gli uomini, o che si componga — ed è ciò che chiamiamo ' melopea ' [creazione musicale] — o che s'adoperino acconciamente melodie e metri già composti — ed è ciò che vien detto ' educazione ' [istruzione musicale] — qui, sì, il compito è difficile e richiede un abile artefice. E qui torna daccapo lo stesso discorso, che agli uomini costumati, e affinchè diventino più costumati quelli che non lo sono ancora, bisogna compiacere e custodir gelosamente il loro amore, che è l'Eros bello, l'Eros celeste, l'Eros della Musa Urania. Ma l'Eros di Polimnia è l'amore volgare; e questo, a coloro, a cui si somministri, s'ha da somministrare con molta cautela, affinchè se ne colga il piacere, ma non ingeneri alcuna intemperanza, come nell'arte nostra val molto sapersi giovare dei desiderî eccitati da una buona cucina in modo che, senza procurarsi una malattia, se ne goda il piacere. Così, dunque, e nella musica e nella medicina e in tutte le altre cose. umane e divine, si deve, per quanto si può, aver riguardo a ciascuno di questi due Erotes, perchè ci sono.

188 **XIII.** — Poichè anche la costituzione delle stagioni dell'anno è piena di tutti e due questi amori; e quando gli elementi, dei quali dianzi parlavo, il caldo e il freddo, il secco e l'umido, si trovino in una scambievole e ben regolata relazione d'amore e s'accordino e si temperino saggiamente, essi vengono apportatori d'una buona annata e

di buona salute, così agli uomini, come agli altri animali e alle piante, e non soglion produrre alcun danno. Ma quando invece l'Eros compagno dell'intemperanza prevalga nelle stagioni dell'anno, egli suol corrompere e danneggiare molte cose. E da tali cause derivano di solito e pestilenze e tante altre malattie diverse e negli animali e nelle piante. Infatti e le brinate e la grandine e la ruggine dei cereali sono il frutto della soperchieria e della sregolatezza vicendevole di cosiffatte tendenze erotiche, la cui scienza rispetto al moto degli astri e alle stagioni dell'anno prende nome di astronomia. Inoltre tutti i sacrifizî e quei riti a cui presiede l'arte divinatoria — ossia la scambievole comunione tra gli dei e gli uomini — non vertono intorno ad altro, se non intorno alla preservazione ed alla cura di Eros. Giacchè ogni forma d'empietà suol nascere, ove non si compiaccia all'Eros ordinato e non gli si renda onore e venerazione in ogni cosa, ma si tenga in pregio quell'altro, così nei rapporti coi genitori, vivi e morti, come nei rapporti con gli dei. Ed appunto osservare siffatti amori (1) e curarli è il compito della divinazione, e la divinazione è, a sua volta, operatrice d'amicizia tra gli dei e gli uomini, perchè sa discernere, tra le inclinazioni amorose degli uomini, quante tendano alla giustizia e alla pietà.

Così ogni Eros ha un potere esteso e grande, anzi, in una parola, universale, ma quello che, e presso di noi e presso gli dei, trova il proprio compimento nel bene con temperanza e giustizia, questo ha il maggior potere e ci assicura ogni felicità, sicchè si possa vivere in pace fra noi ed essere anche amici di quelli che son migliori di noi, degli dei.

Forse, in questo elogio di Eros, anche io ho tralasciato molte cose, ma non l'ho fatto apposta. Se per altro c'è qualcosa ch'io abbia omesso, tocca a te, Aristofane, di supplirvi. Ma se invece ti frulla per il capo di elogiare altrimenti il dio, fa pure a tuo modo, chè anche il tuo singhiozzo è cessato.

---

(1) Leggo qui ἔρωτας.

189   E Aristofane, seguitava Aristodemo, prese allora la parola e cominciò: Sì, è vero, il singhiozzo m'è cessato, non però prima ch'io gli avessi applicato lo starnuto. E mi meraviglio che il buon ordine del corpo debba aver bisogno di questa specie di rumori e di solletichi, com'è anche lo starnuto. Perchè il singhiozzo s'è chetato d'un tratto, non appena gli ho applicato lo starnuto.

Ed Erissímaco di rimando: Mio caro Aristofane, bada a te. Tu fai dello spirito, proprio quando ti prepari a parlare. E mi obblighi a far la guardia alle tue parole per il caso che ti sfugga qualche cosa da far ridere, mentre potresti parlare in santa pace.

Ed Aristofane, ridendo: Hai ragione, Erissímaco, fa' conto ch'io non abbia detto ciò che ho detto. E non stare a farmi la guardia, perchè temo di dire non già cose da far ridere — questa sarebbe una fortuna, ed è la specialità della nostra Musa — ma delle cose da deridere.

Bravo, Aristofane! hai tirato il sasso e nascondi la mano (1). Ma bada a' casi tuoi e parla come chi ha da render conto delle proprie parole. Quanto a me, se mi pare, ti lascerò in pace.

XIV. — Comunque, caro Erissímaco, disse Aristofane, io mi propongo di parlare in modo diverso da te e da Pausania. Io penso che gli uomini non abbian sentito nè punto nè poco la potenza di Eros, perchè, se la sentissero, gli dedicherebbero i maggiori tempî ed altari e gli offrirebbero i maggiori sacrifizî, cosa che ora non fanno per nulla, mentre è ciò che si dovrebbe fare a preferenza di tutto. Eros è infatti tra gli dei il più amico degli uomini, perchè è il loro protettore e il medico di quei mali, la cui guarigione sarebbe per il genere umano la maggiore delle felicità. Io dunque mi studierò d'esporvi la potenza di lui, e voi ne sarete maestri agli altri. Ma, innanzi tutto, occorre che impariate quale sia la natura umana e le sue vicende non liete. Giacchè la nostra na-

---

(1) Il testo dice: hai tirato il colpo e ora pensi di svignartela, modo proverbiale anch'esso.

tura non era un tempo la stessa di oggi, ma tutt'altra. In origine c'eran tre sessi umani, non due, maschio e femmina soltanto, come ora, ma ce n'era un terzo, che partecipava dell'uno e dell'altro e che, scomparso oggidì, sopravvive appena nel nome. C'era allora un terzo sesso, l'andrógino, che di fatto e di nome aveva del maschio e della femmina, e questo non esiste più, fuorchè nel nome che suona un oltraggio. Inoltre ogni uomo aveva una figura rotonda, dorso e fianchi tutt'intorno, quattro braccia, gambe di numero pari alle braccia, su un collo cilindrico due visi, perfettamente simili fra loro, un'unica 190 testa su questi due visi, posti l'uno in senso contrario all'altro, quattro orecchie, doppie pudende e tutto il resto come si può supporre da ciò che s'è detto. Camminava anche ritto come ora, in qualunque direzione volesse; e quando si mettevano a correre, quei nostri progenitori, come i giocolieri che a gambe per aria fanno delle capriole a ruota, essi, appoggiandosi sui loro otto arti si muovevano rapidamente, facendo la ruota. I sessi poi eran tre e cosiffatti per questa ragione: che il sesso maschile traeva origine dal sole, il femminile dalla terra, e l'andrógino dalla luna, perchè anche questa partecipa del sole e della terra. La loro figura dunque era rotonda, e così anche il modo di muoversi, appunto perchè simili ai loro genitori. Avevano vigore e gagliardia terribili e animo grande, e però se la presero con gli dei, e quel che Omero dice di Efialte e di Oto (1), va inteso di loro: l'aver tentato la scalata del cielo per dare addosso ai numi.

XV. — A questo punto Zeus e gli altri iddii tennero consiglio su ciò che dovessero fare, ed erano perplessi. Non sapevan risolversi ad ucciderli e a sterminarne la razza, fulminandoli, come i giganti, perchè così sareb-

---

(1) Oto ed Efialte erano i due giovanissimi e giganteschi Aloadi, o figliuoli di Aloeo, che dopo d'aver incatenato il dio Ares e tenutolo per tredici mesi in un gran vaso di bronzo, donde fu liberato per opera di Ermes; sovrapponendo l'Ossa all'Olimpo e il Pelio all'Ossa tentarono di dare la scalata al cielo. Ma in questa impresa caddero sotto i dardi d'Apollo. Ad essi Omero accenna in *Il.* V 385 sgg., *Od.* XI 305 sgg.

bero venuti a privarsi degli onori e dei sacrifizî umani;
nè potevano tollerare che ne facessero d'ogni sorta. E
finalmente Zeus, dopo matura riflessione, disse: « Credo di
aver trovato la via, affinchè gli uomini continuino, sì,
ad esistere, ma, divenuti più deboli, smettano la loro
tracotanza. Segherò », disse, « ciascun di loro in due, e
così, mentre saranno più deboli, ci saranno ad un tempo
più utili, perchè diverranno più numerosi. E cammineranno ritti su due gambe. Chè, ove poi seguitino a inso-
lentire e non vogliano starsene in pace, li segherò », disse,
« di nuovo in due, cosicchè cammineranno su una gamba
sola, a saltelloni (1). » Dette queste parole, venne segando
gli uomini in due, come quelli che taglian le sorbe per
metterle in conserva, o quelli che dividon le uova coi
capelli. E a misura che ne segava uno, ordinava ad
Apollo di girargli la faccia e la metà del collo dalla parte
del taglio, acciocchè l'uomo, avendo sotto gli occhi il
proprio taglio, fosse più modesto; e medicargli le altre
ferite. E Apollo girava a ciascuno la faccia in senso
opposto, e tirando d'ogni parte la pelle verso quello che
ora chiamiamo ventre, come le borse a nodo scorsoio,
lasciandovi appena una boccuccia, la legava nel mezzo
del ventre, in quel punto preciso che chiamano ombelico.
191 Spianava poi tutte le altre grinze, che eran molte, e
rassettava le costole, servendosi d'uno strumento suppergiù simile a quello che adoperano i calzolai per spia-
nare sulla forma le rughe del cuoio; ma ne lasciò poche
nel ventre e intorno all'ombelico, ricordo dell'antica pena.
Orbene, poichè la creatura umana fu divisa in due, ciascuna metà presa dal desiderio dell'altra, le andava incontro, e gittandole le braccia intorno e avviticchiandosi
scambievolmente, nella brama di rinsaldarsi in un unico
corpo, morivan di fame e d'inerzia, perchè l'una non
voleva far nulla senza dell'altra. E quando l'una delle

---

(1) Il greco ha ἀσκωλιάζοντες che vuol dire propriamente ' saltando
su un otre ' (ἀσκός). « L'espressione è tolta da un giuoco contadinesco del-
l'Attica. I contadini della pelle del becco sacrificato a Dióniso facevano
un otre che riempivano di vino e ungevano d'olio. Su di esso saltavano con
una sola gamba alternativamente, e vinceva chi sapeva reggervisi. » (Hug).

metà moriva e l'altra sopravviveva, quella che sopravviveva andava in cerca d'un'altra metà e le si avvinghiava, sia che s'imbattesse nella metà d'una donna intera — quella appunto che ora chiamiamo donna — sia che nella metà d'un uomo; e così morivano. Mosso pertanto a compassione, Zeus ne escogita un'altra: trasporta le loro pudende nella parte anteriore — fino a quel momento anche queste le avevano avute al difuori, e generavano e partorivano non tra loro, ma in terra, come le cicale... gliele trasportò dunque così, sul davanti, e per tal mezzo rese possibile la generazione fra loro, per mezzo del maschio nella femmina, con questo fine, che nell'amplesso, ove un maschio s'incontrasse in una femmina, generassero e si perpetuasse la specie; ma, ove invece un maschio s'imbattesse in un maschio, provassero sazietà dello stare insieme e smettessero e si volgessero ad operare e attendessero agli altri doveri della vita. Cosicchè fin da quel momento l'amore vicendevole è innato negli uomini: esso ci riconduce al nostro essere primitivo, si sforza di fare di due creature una sola e di risanare così la natura umana.

XVI. — Ognun di noi, in conclusione, è una contromarca d'uomo, in quanto che è tagliato come le sogliole, è due di uno; e però cerca sempre la propria contromarca. Quanti sono una fetta di quel sesso comune, che allora si diceva andrógino, aman le donne, e la maggior parte degli adulteri son nati da esso; e così pure le donne, che si struggon per gli uomini, e le adultere provengon da questo medesimo sesso. Tutte quelle invece, che sono una fetta di donna, non corron dietro agli uomini, ma sono piuttosto inclinate alle donne; e a questo genere appartengono le tribadi. Ma quanti sono una fetta di maschio, danno la caccia al maschio; e finchè sono ancora fanciulli, come parte d'un maschio, amano gli uomini e godono a giacere e a starsene abbracciati con gli uomini; e questi sono tra i fanciulli e tra' giovanetti i migliori, perchè i più virili di loro natura. Certo non mancan di quelli che li chiamano impudenti, ma mentiscono. Perchè essi non lo fanno per impudenza, ma per baldanza, per coraggio, per virilità d'animo, giacchè si attaccano a ciò che è simile a sè. Ed eccovene una prova decisiva: costoro, a tempo debito, sono i soli che riescano uomini davvero, adatti alla vita politica. E pervenuti all'età virile, mettono amore ai fanciulli; e al matrimonio e alla procreazione dei figliuoli non si volgono per inclinazione naturale, ma costretti dalla legge; chè anzi per conto loro son ben contenti di viver sempre gli uni con gli altri, da scapoli. Per ciò chi è così fatto, diventa un amante di fanciulli o un amato, perchè desidera sempre ciò che gli è congenere. E quando poi l'amante dei fanciulli e chiunque altro s'incontra in quella sua propria metà d'un tempo, allora son presi d'un'amicizia, d'un'intimità, d'un amore meraviglioso, senza volersi separare gli uni dagli altri, per così dire, nemmeno un istante. E quelli che vivono insieme tutta la vita son questi, che non saprebbero neppur dire che cosa vogliono che avvenga loro all'uno per opera dell'altro, giacchè nessuno può credere che ciò che desiderano sia l'uso dei piaceri amorosi, quasi che in questo debba cercarsi la ragione per cui provano un così vivo diletto a stare insieme; ma è evidente che c'è qualche altra cosa che l'anima di ciascun di loro desidera, qualche altra cosa che non sa esprimere, ma che sente vagamente e a cui accenna per vie coperte. E se ad essi nel momento, in cui giacciono insieme, si presentasse Efesto coi suoi strumenti alla mano e chiedesse loro: « Che volete, o uomini, che avvenga di voi, all'uno per opera dell'altro? » e mentre e' sono tuttora indecisi, soggiungesse: « Desiderate voi, non è vero? soprattutto essere nello stessissimo luogo l'uno con l'altro in modo da non separarvi mai nè notte nè giorno? Ebbene, se è questo che desiderate, io voglio rifondervi e riplasmarvi in un'unica natura, sicchè di due diventiate uno, e finchè vivrete, viviate tutti e due in comune, come un essere solo, e anche da morti, laggiù nell'Ade, non siate, invece di due, che un morto solo... Guardate se è questo che amate e se vi basta di conseguir questo... » a udir ciò sappiamo bene che nessuno, proprio nessuno, risponderebbe di no, nè mostrerebbe d'aver mai desiderato altro, ma crederebbe d'aver udito precisamente quello che egli desiderava da tanto tempo: di sentirsi unito e fuso con l'amato, e divenuto di due un essere solo. E la ragione è appunto questa: che tale era in origine la nostra natura, e che eravamo interi. Ebbene, al desiderio e alla caccia dell'intero si dà nome di a m o r e.

Prima, dunque, come dico, eravamo uno; ma ora per 193 la nostra nequizia siamo stati separati di casa dalla mano di Dio, come gli Arcadi da quella dei Lacedemoni (1). E c'è paura che a non essere ossequenti verso gli dei, si vada incontro a venir segati daccapo, e a dover andare intorno come le figure scolpite a bassorilievo sulle stele, spaccati per il mezzo dei nasi, divenuti come dei dadi tagliati in due (2). Ma perciò conviene che ognuno esorti ogni altro alla pietà verso gli dei, affinchè si evitino i mali e si conseguano i beni, tenendo presente che Eros è nostra guida e nostro duce. A lui nessuno vada contro — e gli va contro chiunque venga in uggia agli dei — perchè, divenuti amici del dio e vivendo in buoni termini con lui, troveremo e incontreremo i nostri proprî amati, il che ora capita a pochi. E non sospetti Erissímaco, mettendo in canzonatura il mio discorso, che io alluda a Pausania ed Agatone — chè forse anche essi sono di quelli, e tutti e due maschi per natura — ma dico, avendo di mira tutti, e uomini e donne, che in questo modo il genere nostro troverebbe la sua felicità, se dessimo perfezione all'amore, e ciascun di noi, ritornato nell'antica natura, s'imbattesse nel proprio amato. E se poi questo è il meglio, ne segue di necessità che di quanto ora è in nostro potere, il meglio sia ciò che più vi si avvicina; e ciò è l'incontrarsi in un amato fatto secondo il proprio

______

(1) Aristofane accenna, secondo l'opinione dei più, a un avvenimento del 385 a. C. Gli Spartani, vinta Mantinea in Arcadia, distrussero le mura della città e la sciolsero, com'era precedentemente, in quattro villaggi. Tenuto conto che il banchetto avrebbe avuto luogo nel 416 a. C., ci sarebbe qui un anacronismo. Ma l'allusione non è del tutto sicura, e non è impossibile che si accenni a qualche altro avvenimento anteriore della storia arcadica.

(2) I dadi talvolta si tagliavano in due, e ciascuna metà, conservata da due persone legate da vincoli di ospitalità, serviva come tessera di riconoscimento per loro e per le loro famiglie.

cuore. E però, se vogliamo sciogliere un inno al dio causa di siffatta felicità, non possiamo che inneggiare ad Eros, che nel presente ci giova moltissimo, perchè ci rimette nel proprio; e per l'avvenire ci dà i maggiori affidamenti che, se dal canto nostro diam prova di pietà verso gli dei, col restituirci nell'antica natura e rifarci sani, ci renderà felici e beati.

Questo, disse, Erissímaco, è il mio discorso intorno ad Eros, tutt'altro che il tuo. E come ti pregavo, non volermelo mettere in canzonatura, affinchè si possa udire ciò che dirà ciascuno degli altri, o meglio ciascuno degli altri due, Agatone e Socrate.

XVII. — Farò a modo tuo, disse Erissímaco, perchè il tuo discorso l'ho ascoltato con piacere. E se non sapessi che Socrate e Agatone sono addirittura dei maestri in cose d'amore, avrei gran paura che non dovessero trovarsi a corto d'argomenti, tante cose si son dette e così svariate. Tuttavia ho fiducia in loro.

194   E Socrate: Ah, sì, Erissímaco, perchè tu te la se i cavata egregiamente. Ma se fossi dove ora son io, o meglio, dove sarò, quando Agatone avrà parlato da par suo, temeresti anche di più, e saresti su tutte le spine, come son ora io.

Ammaliarmi (1) vuoi, Socrate, disse Agatone, affinchè io mi turbi, immaginandomi che il teatro deva essere in grande aspettazione, ch'io parli bene.

Mio caro, dovrei esser proprio uno smemorato, rispose Socrate, se dopo di aver visto con quanto coraggio e con quanta sufficenza salisti sul palco insieme con gli attori e guardasti in faccia un teatro così affollato, in procinto di dare alla scena i tuoi componimenti (2), senza

---

(1) « Vantarsi muove l'invidia degli uomini; ma l'invidia ha il malocchio e può ammaliare e turbare senz'altro la persona invidiata. Senonchè anche la lode esagerata d'un altro (Socrate aveva lodato Agatone) può suscitare contro costui l'invidia con tutte le sue tristi conseguenze. » (Hug).

(2) Da questo passo si conclude che il poeta insieme coi suoi attori prima della recita si presentava in forma solenne al pubblico. E sembra del pari che egli presentasse anche il Coro col suo corego. Questa cerimonia, detta προαγών 'preludio' o 'preparazione al certame' dramatico,

mostrare la minima emozione, supponessi ora che possa turbarti la presenza d'un pubblico così ristretto come noi.

E che, Socrate? replicò Agatone, non mi crederai, spero, a tal segno infatuato del teatro, da ignorare che a un uomo di giudizio devano far più paura pochi assennati che molti dissennati?

Sarei, Agatone, davvero colpevole, ripigliò Socrate, se io pensassi di te qualcosa di scortese. So bene che a imbatterti in alcuni, che credessi saggi, saresti più in pensiero per loro che per la folla. Ma, bada, probabilmente noi non siamo di quelli, e a buon conto, lì anche noi c'eravamo e facevamo parte della folla. Ma se t'imbattessi in altri veramente saggi, non avresti vergogna di loro, ove ti paresse di fare qualcosa di male? O che ne dici?

Sicuro, rispose.

E della folla non avresti vergogna, ove ti paresse di fare qualcosa di male?

Ma Fedro, interrompendo: Mio caro Agatone, disse, se gli rispondi, Socrate non si darà alcun pensiero del resto, qualunque cosa qui avvenga. A lui basta d'aver qualcuno con cui conversare, specie se è un bel giovane. Per me, certo, ascolto volentieri la conversazione di Socrate, ma ho l'obbligo di richiamarvi all'elogio di Eros e di esigere il discorso da ciascuno di voi. Quando ognuno avrà saldato il suo conto col dio, allora Socrate conversi pure come gli piace.

Ben dici, Fedro, rispose Agatone; e son qui pronto a parlare. Non mi mancherà poi l'occasione di conversare spesso con Socrate.

XVIII. — Or dunque io vo' in prima dire come io deva dire, e poscia dire. Chè tutti quelli, i quali han parlato precedentemente, non hanno, parmi, encomiato il dio, bensì la felicità degli uomini han messa in rilievo pei beni, de' quali il dio è ad essi cagione. Ma qual sia

---

avveniva nell'Odeon, teatro fatto costruire da Pericle, e doveva, com'è facile supporre, attirare la curiosità del gran pubblico, che s'interessava così vivamente agli spettacoli teatrali.

in sè quegli che questi doni ha loro largiti, niuno lo ha
195 detto. Eppure d'ogni lode d'ogni cosa la diritta via non
è che una sola: chiarire per via di ragionamento qual
sia, e di quali effetti cagione, quello di cui per avventura
si ragioni. Così per fermo è giusto che anche noi si lodi
prima Eros in sè medesimo, qual egli è, e poscia i suoi
doni. Dico adunque che, pur essendo tutti gl'iddii beati,
Eros, se è lecito è scevro di colpa il dirlo, il più beato è
fra loro, dappoichè egli è il più bello e il migliore. Ed è
il più bello, perchè cosiffatto. Innanzi tutto, o Fedro,
egli è il più giovane degl'iddii. E una gran prova cen
porge e' medesimo fuggendo di fuga la vecchiezza, che
pure è così veloce: la ci raggiunge più presto che non
dovria! E questa Eros per natura la detesta e non le
si accosta nemmen da lungi. Egli sta e resta sempre coi
giovani, poichè ben dice l'antico adagio che sempre
simile con simile s'accompagna (1). Ed io, pur
consentendo con Fedro in molte altre cose, in questo non
consento: che Eros sia più vecchio di Crono e di Giá-
peto (2); affermo anzi ch'egli è tra' numi il più giovane,
e sempre giovane; e le vecchie storie che Esiodo e Parménide (3) ci ricantano degl'iddii, a' tempi d'Ananke,
[della Necessità] e non di Eros, risalgono, posto pure che
quelli ci contino il vero. Imperocchè non ci sarieno state
nè evirazioni, nè ceppi, nè tante altre violenze reciproche,
se Eros fosse stato tra loro; ma amicizia e pace, come ora,
dacchè Eros regna sugli iddii. Egli è dunque giovane, e
perdippiù delicato. E ci vorria un poeta quale Omero per
mettere in luce la delicatezza del dio. Omero infatti dice
che Ate è dea e delicata — e delicati almeno dovevano
essere i suoi piedi — dicendo egli di lei:

> son delicati i piedi, chè sovra il suolo non mai
> muovesi, ma sul capo ella degli uomini incede (4).

---

(1) È modo proverbiale e allusione a un verso omerico; cf. *Od.* XVII 218.

(2) Altro modo proverbiale per accennare alla più remota antichità.

(3) Qual luogo del poema di Parménide abbia qui in mente Agatone, non si sa.

(4) Cf. *Il.* XIX 92 sg.

E a me sembra che della delicatezza di lei una bella prova sia che ella non cammina sul duro, ma sul tenero. E anche noi di questa medesima prova ci varremo per dimostrare di Eros ch'egli è delicato, dappoichè e' non cammina sulla terra, nè sui cranii, che non sono davvero teneri, ma in quel che v'ha di più tenero al mondo e cammina e s'annida. Egli infatti e nei costumi e negli animi degl'iddii e degli uomini pone sua stanza, e non mica in tutti gli animi, ma ove mai s'imbatta in qualcuno d'indole dura, se ne diparte; ma se tenero è, vi si annida. Or poichè adunque egli e co' piedi e con ogni parte del còrpo tocca sempre quel che v'è di più tenero tra le tenere cose, è giuocoforza ch'e' sia il più delicato 196 fra gl'iddii. Egli è così il più giovane e il più delicato; ma è per dippiù flessuoso di forma, chè non gli saria possibile insinuarsi dappertutto, nè penetrar tutta l'anima, entrandovi la prima volta senza lasciarsi sorprendere e uscendone, se duro e' fosse. Del suo aspetto proporzionato e flessuoso, argomento grande è l'avvenenza che Eros per confession di tutti in grado eccelso possiede, chè tra disavvenenza ed Eros è guerra sempre. La leggiadria del colorito, il suo viver tra' fiori la significa, poichè in quel che fiorente non sia o sia sfiorito, o corpo o anima o qualsivoglia altra cosa, non risiede Eros, ma ovunque sia un luogo e bén fiorito e fragrante, quivi poi e risiede e rimane.

XIX. — Della beltà, adunque, del dio e questo è bastante e ancora molto sopravanza; ma, seguitando, della virtù di Eros mi convien dopo ciò dire. Ed è massimo vanto di lui che nè fa nè soffre ingiustizia, nè da dio nè a dio, nè da uomo nè ad uomo. Nè già per violenza e' soffre, se qualcosa soffre — chè violenza nol tange, nè con violenza opera operando — dacchè ognuno in ogni cosa volenteroso si sommette ad Eros, e quel che volente si concede a volente, le leggi, dello Stato reine (1), dicon che è giusto. E oltrechè della giustizia e' partecipa della maggior temperanza. S'ammette infatti che tem-

---

(1) « Metafora gorgiana, evidentemente una citazione. » (Hug).

peranza sia il signoreggiar piaceri e desideri, e che di Eros verun piacere sia più potente. Or se meno potenti, è ovvio che sien vinti da Eros, ed egli vinca; e vincendo piaceri e desideri, Eros in sommo grado temperante esser deve. E per fermo, quanto a coraggio, ad Eros neppur Ares contrasta (1), poichè non Ares possiede Eros, ma Eros Ares — amor d'Afrodite, come è fama — e chi possiede è più possente di chi è posseduto, e chi vince l'iddio più valoroso di tutti gli altri, e' dev'essere il più valoroso di tutti.

Ho detto della giustizia, della temperanza, del coraggio del dio; a dir mi rimane della sapienza, e per quanto è possibile, m'ingegnerò di non fallire alla prova. E in primo luogo, perchè dal canto mio anch'io renda alla nostra arte omaggio, come alla sua Erissímaco, poeta è l'iddio, sapiente così, da render anco gli altri poeti. Chè ognuno poeta diventa, quand'anche prima di ogni Musa schivo (2), cui Eros tocchi. Della qual virtù convienci usare a documento che Eros, a dir breve, è poeta valente in qualsivoglia genere di creazione che attenga alle Muse, dappoichè quel che non si ha o non si sa, nemmeno ad altri non si può dare o insegnare.

197 E invero la creazion degli animali tutti chi niegherà che sia sapienza di Eros, mercè la quale tutti gli animali e nascono e si generano? E quanto alla pratica delle arti, non sappiam noi forse che colui, al quale questo iddio sia divenuto maestro, famoso diviene ed illustre; e chi per converso da Eros non sia stato mai tocco, rimansi oscuro? L'arti del saettare, del curare e del divinare ritrovò Apollo, scorto dal desiderio e dall'amore, sicchè anch'egli dir si può scolare d'Eros. E alle Muse fu maestro dell'arte musicale, ad Efesto di quella dei metalli, ad Atena del tessere, a Zeus di governar numi e mortali (3). Laonde anche nelle faccende degl'iddii si mise ordine, poichè vi si fu generato Eros, amore evidente-

____

(1) Da un verso del ' Tieste ' di Sofocle; cf. NAUCK, 'Trag. Gr. Fragmm.² framm. 235 p. 186.

(2) Da un verso della ' Stenebea ' d'Euripide; cf. NAUCK, Trag. Gr. Fragmm.² framm. 663 p. 569.

(3) Verso giambico probabilmente d'un tragico.

mente di bellezza — chè del brutto non è amore — laddove per l'innanzi, come da principio ho detto, molte e terribili cose, a quanto si narra, fra' numi avveniano, però che vi regnava Ananke. Ma dappoichè questo iddio ebbe nascimento, dall'amore per le cose belle ogni bene provenne e agli iddii e agli uomini.

E così parmi, Fedro, che Eros, essendo egli per il primo bellissimo e ottimo, sia dipoi agli altri cagione di altri cosiffatti doni. Ed ei mi salta in mente di aggiunger qualcosa in versi, dicendo che questi è colui il quale

> pace tra gli uomini reca, nell'ampio mare bonaccia
> calma, riposo ai venti; nel duolo conforto di sonno.

Questi d'ogni sentimento ci vuota che ci strania, d'ogni sentimento ci empie che ci affratella; tali e tanti convegni ha istituito per ravvicinarci, nelle solennità, ne' cori, ne' sacrifizî facendosi nostra guida; di mitezza ispiratore, di rustichezza espulsore; prodigo di benevolenza, avaro di malevolenza; propizio, buono; spettabile ai sapienti, venerabile agl'iddii; segno d'invidia per chi nol possiede, cura gelosa di chi il possiede; di voluttà, di mollezza, di delicatezza, di grazie, di desio, di brama padre; curante dei buoni, non curante dei tristi; nei travagli, nei perigli, nelle brame, nei discorsi timoniere, soldato, commilitone (1) e salvatore ottimo; degl'iddii tutti e degli uomini ornamento, duce bellissimo ed eccellentissimo, cui conviene che ogni uomo segua, inneggiando il meglio che può e a quei canti unendosi che egli canta, molcendo degl'iddii e degli uomini tutti il cuore.

Questo è, Fedro, il discorso che per mio conto consacro al dio, in parte di scherzo, in parte, come per me si poteva, di misurata serietà temperato.

XX. — Quando Agatone ebbe finito, diceva Aristodemo, tutti i presenti proruppero in applausi, lasciando 198

---

(1) Nè ' soldato ' nè ' marinaio ' equivalgono a ἐπιβάτης del testo, che significa ' fante di marina ', ' oplita che combatteva su una nave ', come ' commilitone ' non traduce παραστάτης cioè ' soldato che combatte a fianco d'un altro '.

intendere che il giovane aveva discorso in maniera degna di sè e del dio. Al che Socrate, volgendosi ad Erissímaco: O figliuolo d'Acúmeno, disse, ti pare che poco fa io temessi d'un timore da non temere, o non fossi piuttosto profeta, quando dicevo quel che dicevo poc'anzi: che Agatone avrebbe parlato mirabilmente, ed io mi sarei trovato in impaccio?

Per un verso, sì, rispose Erissímaco, lo riconosco, sei stato profeta, che Agatone avrebbe parlato bene; ma quanto al tuo impaccio, via, non ci credo.

E come mai, beato uomo, riprese Socrate, non dovrei trovarmi in impaccio io e chiunque altro sul punto di parlare dopo la recita d'un discorso così bello e così variamente adorno? Certo non tutti i punti sono stati egualmente stupendi; ma, nella chiusa chi di noi non è rimasto addirittura intontito dalla bellezza delle parole e delle frasi? Per me, considerato che non potrò dir nulla che s'avvicini appena per bellezza a ciò che egli ha detto, quasi quasi per vergogna me ne sarei scappato, se avessi potuto. Il suo discorso infatti mi ha richiamato alla mente Gorgia, tanto che m'è occorso quel che dice Omero: ho temuto, cioè, che alla fine Agatone nel discorrere non scaraventasse contro il mio discorso la testa di Gorgia (1), parlatore da far paura, e mi pietrificasse, ammutolendomi. E mi sono accorto allora quanto ero stato ridicolo, allorchè avevo preso con voi l'impegno di fare a mia volta l'elogio di Eros e dichiarato d'esser competente in cose d'amore io, e lo vedo, che non so nemmeno come s'ha da fare l'elogio d'una cosa qualunque. Giacchè io, nella mia dappocaggine, ritenevo che nell'elogio di qualsiasi cosa non si dovesse dire che il vero e che questo dovesse essere il fondo del discorso, salvo a scegliere tra le cose vere le più belle e metterle in mostra nel miglior modo possibile. E presumevo assai di me nella fiducia di parlar bene, convinto di saper la verità sul modo di lodare qualsiasi cosa. Ma ora credo d'accor-

---

(1) Allusione a un luogo dell''Odissea' (XI 632 sg.). Ulisse, sceso nell'Ade, teme per un momento che Persefone non mandi contro di lui la testa della Górgone o Gorgo. Scherzo sulla somiglianza di nome tra Gorgo e Gorgia, il famoso sofista.

germi che non è questo il modo di lodar bene una cosa,
bensì l'attribuirle i maggiori e i più bei pregi possibili,
li abbia o no; se poi sono falsi, che importa? Dev'essersi
infatti proposto, se non erro, che ciascun di noi finga di
pronunziare l'elogio d'Eros, non che lo pronunzî davvero.
E perciò appunto, credo, razzolando da ogni parte, avete
attribuito ogni pregio ad Eros e detto ch'egli è così e
così, e autore di tali e tanti beni, affinchè appaia bellis- 199
simo ed ottimo, evidentemente a chi non sa — non
certo a chi sa — e così l'elogio assume un aspetto bello
e venerabile. Io, senza dubbio, ignoravo il modo di tesser
l'elogio, e, ignorandolo, presi impegno con voi che a mia
volta avrei anch'io lodato Eros. Ma la lingua promise,
la mente no (1). Dunque, addio elogio! Io non vi seguirò
su questa via — perchè non potrei — questo è sicuro;
ma, comunque, la verità, se volete, ve la dirò, a modo
mio, senza gareggiare coi vostri discorsi, per non far
ridere a mie spese. Vedi, dunque, Fedro, se mai anche
questa forma di discorso ti accomodi: sentir dire la
verità intorno ad Eros con quelle parole e con quella
disposizione di frasi che mi verranno per le prime sulle
labbra.

Fedro e gli altri, raccontava Aristodemo, approvarono
che dicesse pure come gli pareva di dover dire, libera-
mente.

E allora, Socrate aggiunse, Fedro mio, permettimi di
rivolgere qualche interrogazioncella ad Agatone, affinchè,
ottenuto il suo assenso, io cominci a parlare.

Ma sì, rispose Fedro, te lo permetto; interroga pure.

E dopo ciò, continuava Aristodemo, Socrate cominciò
suppergiù a questo modo:

XXI. — Senza dubbio, mio caro Agatone, tu ti sei
aperta bene, secondo me, la via nel tuo discorso, dicendo
che ti conveniva prima mostrare quale è mai Eros, e
dopo le opere di lui. E questo principio m'è piaciuto assai.
Orbene, via, poichè d'Eros, per tutto il resto, hai esposto
in forma bella e magnifica quale egli è, dimmi ancora

---

(1) Allusione ad un verso (612) famoso dell' 'Ippolito' di Euripide.

questo: se egli è tale che sia amor di qualcuno, di qualche cosa o di nulla. E bada: non domando se è di madre o di padre — sarebbe una domanda ridicola il chiedere, se Eros è eros di madre o di padre (1) — ma fa conto, come se a proposito d'un padre io ti chiedessi proprio questo: s'egli è padre di qualcuno o no. A volermi risponder bene, mi diresti certo, che il padre è padre d'un figlio o d'una figlia. O no?

Ma certo, disse Agatone.

E non diresti altrettanto della madre?

E Agatone consentì egualmente.

Ancora, soggiunse Socrate, qualche altra risposta, affinchè tu veda meglio ciò che desidero. Se ti chiedessi, per esempio: E dimmi: un fratello, in quanto fratello, è fratello di qualcuno, o no?

Ma sì, rispose.

È fratello, non è vero, d'un fratello o d'una sorella?

Appunto, disse.

Via, provati a dirmi anche dell'amore: Eros è amore di qualche cosa o di nulla?

Di qualche cosa, senza dubbio.

200   Ebbene, questo di che cosa tientelo dentro di te, ma rammentatene, riprese Socrate. Per ora dimmi soltanto, se Eros, quello di cui è amore, lo desideri o no?

Ma sì, rispose.

E ciò che egli desidera ed ama, lo desidera perchè lo ha o perchè non lo ha?

Perchè non lo ha, è naturale.

Rifletti, disse Socrate, se, più che naturale non sia addirittura necessario che il desiderare sia un desiderare ciò di cui si manca, o non desiderare, ove non si manchi.

---

(1) Poichè in ἔρως τινός 'amor di qualcuno' o 'di qualcosa' il τινός può aver valore tanto soggettivo, quanto oggettivo Socrate chiarirà con esempî che egli ha inteso dare a τινός il valore di genitivo oggettivo. Ma siccome d'altro lato Ἔρως τινός potrebbe anche essere scambiato con un genitivo d'origine (' Eros figlio di qualcuno '), Socrate vuole eliminare anche quest'altro equivoco. In sostanza egli, pare, vuol dir questo: Io ti domando, non già se Eros è amato da qualcuno o è figlio di qualcuno, ma se egli ama qualcuno o qualche cosa. Ma il luogo, non facile, è stato variamente discusso, e si può prestare anche a qualche altra interpretazione.

Io almeno, Agatone mio, credo fermamente che sia addirittura necessario. E tu?

Anch'io, disse.

Va bene. E per conseguenza può mai esserci qualcuno che voglia essere grande, mentre è grande, e forte, mentre è forte?

Non è possibile, dopo le nostre premesse.

Non può infatti essere manchevole di queste doti chi già le possiede.

È vero.

Perchè, se chi è forte volesse esser forte, seguitò Socrate, e veloce chi è veloce, e sano chi è sano... poichè forse qualcuno potrebbe credere che queste qualità e tutte le altre simili coloro che son tali e le hanno, desiderino ancora quelle stesse cose che già hanno, insisto su questo punto, affinchè non si sia tratti in inganno... se ci rifletti, caro Agatone, costoro devono per necessità avere in quel momento ciascuna delle qualità che hanno, lo vogliano o no; e queste chi mai potrebbe desiderarle? Ma allorchè qualcuno dice: « Io, essendo sano, desidero di esser sano, ed essendo ricco, desidero d'esser ricco; e desidero appunto queste cose che ho », noi gli possiamo rispondere: « Tu, amico, possedendo ricchezze, salute e forza desideri di possedere queste cose anche in avvenire, perchè in questo momento, che tu lo voglia o no, tu le hai. Guarda dunque, se, quando tu dici: Desidero le cose presenti, tu non voglia dire altro che questo: Desidero che le cose che ora ho mi sieno conservate anche nel tempo avvenire. » E potrebbe egli negarlo?

Al che Agatone rispose assentendo.

Orbene, seguitò Socrate, e questo non è appunto amare quel che non ancora si ha sotto mano, nè si possiede: il voler conservare e possedere anche nell'avvenire le medesime cose?

Certamente, disse.

E quindi costui ed ogni altro che desideri, desidera ciò che non ha sotto mano e non possiede in quel momento; e ciò che non ha, o che egli stesso non è e che gli manca, questo è precisamente quello di cui è il desiderio e l'amore?

Niun dubbio, rispose.

Suvvia dunque, disse Socrate, riassumiamo le nostre conclusioni. Prima di tutto Eros è forse altro che amore di certe cose, e poi amore di quelle cose, delle quali soffra difetto?

201 Non è altro, rispose.

Di più ricordati di che cosa nel tuo discorso hai detto che Eros fosse amore. Se vuoi, te lo rammenterò io. Credo che tu abbia detto suppergiù così: che nelle faccende degli dei fu messo ordine mediante l'amore del bello, chè non può esserci amore del brutto. Non hai detto suppergiù così?

Infatti, rispose Agatone, così ho detto.

E sta bene, amico mio, riprese Socrate. Ma se è così, Eros non sarà altro che amore di bellezza, non mai di bruttezza?

Agatone rispose di sì.

O non s'è convenuto che quello di cui uno è manchevole e che non ha, questo egli ama?

Certo, disse.

Dunque Eros è manchevole di bellezza e non l'ha?

Necessariamente, rispose.

Ma dunque? Ciò che è manchevole di bellezza e non possiede punto bellezza, dirai che è bello?

Ah, no!

E se è così, continuerai a sostenere che Eros è bello?

E Agatone: Temo, Socrate, di non aver inteso nulla di ciò che ho detto poc'anzi.

Eppure hai parlato splendidamente, Agatone mio. Ma dimmi un'altra cosuccia: ciò che è buono, non pare a te anche bello?

A me, sì.

Se per conseguenza Eros è manchevole di bellezza, e se bontà è bellezza, sarà anche manchevole di bontà.

Per me, Socrate, non posso contradirti: sia pure come tu dici.

Mio diletto Agatone, è la verità quella a cui non puoi contradire, chè contradire a Socrate non è punto difficile.

XXII. — Ed ora lascerò in pace te, e vi riferirò su Eros il discorso che un giorno udii da una donna di Mantinea, Diotima (1), che in questo era sapiente, come in tante altre cose, e agli Ateniesi prima della peste suggerì dei sacrifizî che ritardarono di dieci anni il male, e fu quella appunto che ammaestrò me pure in cose d'amore... quel discorso, dico, che ella mi tenne, procurerò di esporvelo, movendo dai punti concordati tra me ed Agatone, per conto mio, come posso. E bisogna naturalmente, Agatone, come tu hai aperto la via, chiarire per prima cosa chi sia Eros e quale, e poi le opere di lui. E mi pare che il modo più spiccio sia chiarirlo come quella forestiera fece, interrogandomi. Suppergiù anche io dicevo a lei delle cose simili a quelle che Agatone diceva a me poc'anzi: che Eros fosse un gran dio e fosse amor di bellezza. Ma ella mi convinse del contrario con quelle stesse ragioni con cui io ho convinto costui, dimostrandomi che secondo il mio discorso Eros non è nè bello nè buono.

Ed io: Come dici, Diotima? Eros è dunque brutto e cattivo?

Ed ella: Parla, ti prego, con reverenza, disse. O credi che quello che non è bello, debba necessariamente esser brutto?

Senza dubbio.

E allora anche quello che non è sapiente sarà ignorante? E non t'avvedi che c'è qualcosa di mezzo tra sapienza e ignoranza?

E che cosa?

L'opinar rettamente, anche senza poterne render ragione, non sai, disse, che non è nè sapere — perchè ciò

---

(1) È un personaggio storico o addirittura fittizio? Il non esserci di lei alcun ricordo e, per tacer d'altro, il nome stesso, che vale 'onorata da Zeus', come la patria Mantinea, che pare alluda alla mantica, all'arte divinatoria, escluderebbero la prima ipotesi. Mà, fu osservato, non potrebbe esser capitata in Atene alcuni anni prima della guerra del Peloponneso e della pestilenza che afflisse la città, una sacerdotessa straniera di molta reputazione (comunque chiamata), che avesse suggerito agli Ateniesi dei sacrifizi e intorno al cui nome si fosse formata poi la leggenda, a cui accenna Platone?

che è irrazionale come mai potrebbe essere scienza? — nè ignoranza — perchè il cogliere la verità come mai potrebbe essere ignoranza? — E tale è per l'appunto la retta opinione: un che di mezzo tra sapienza e ignoranza.

Hai ragione, dissi.

Non costringere dunque ciò che non è bello ad esser brutto, nè ciò che non è buono ad esser cattivo. E così anche Eros, poichè tu stesso convieni che non è nè buono nè bello, non per questo devi credere che egli sia di necessità brutto e cattivo, ma qualcosa di mezzo, disse, tra' due.

Eppure, osservai, si conviene da tutti che egli è un gran dio.

Da tutti, vuoi dire, quelli che non sanno, o anche quelli che sanno?

Da tutti, senza eccezione, si capisce.

Ed ella, ridendo: E come mai, disse, Socrate, si potrebbe convenire che egli sia un gran dio da quelli che negan perfino che egli sia dio?

E chi sono costoro? chiesi.

Uno sei tu, rispose, ed una io.

Ed io: Ma come puoi affermar codesto?

Ed ella: Facilmente, rispose. Dimmi: non dici tu che tutti gli dei sono beati e belli? O oseresti dire che qualcuno degli dei non è nè bello nè beato?

Per Zeus, io no davvero, risposi.

E non chiami tu beati quelli che posseggono bontà e bellezza?

Certamente.

E non hai ammesso che Eros, perchè manca di bontà e di bellezza, desidera queste qualità, delle quali è manchevole?

L'ho ammesso, è vero.

E come potrebbe essere un dio chi è privo di bellezza e di bontà?

In nessun modo, mi pare.

Vedi dunque che tu pure ritieni che Eros non è un dio.

XXIII. — E così, dissi, che cosa mai sarebbe Eros? Un mortale?

Nemmen per idea.

Ma allora, che cosa?

Come nel caso precedente, un che di mezzo tra il mortale e l'immortale.

E che dunque, Diotima?

Un démone grande, Socrate, perchè tutto ciò che è demoniaco è qualcosa di mezzo tra il dio e il mortale.

E, chiesi, qual è il suo potere?

D'essere interprete e messaggero dagli uomini agli dei e dagli dei agli uomini, degli uni recando le preghiere e i sacrifizî, degli altri gli ordini e le ricompense dei sacrifizî; e stando nel mezzo degli uni e degli altri, lo riempie così, che il tutto si trovi collegato in sè medesimo. Attraverso a lui passa anche tutta l'arte divinatoria e quella dei sacerdoti intorno ai sacrifizî, alle iniziazioni, agl'incantesimi e ad ogni forma di profezia e di stregoneria. 203 La divinità non si mescola all'uomo, ma per mezzo di Eros si svolge ogni rapporto ed ogni colloquio tra gli dei e gli uomini, desti o dormenti che sieno. E chi è sapiente in ciò è uomo demoniaco, ma chi è sapiente in qualche altra cosa, arte o mestiere che sia, è un operaio. Ora di codesti démoni ce n'è molti, e d'ogni specie, e uno d'essi è anche Eros.

E chi è suo padre, chiesi, e chi sua madre?

La storia è un po' lunga, rispose; tuttavia voglio narrartela. Quando nacque Afrodite, gli dei si raccolsero a banchetto, e tra gli altri anche il figliuolo di Metis [Sagacia], Poros [Acquisto]. Com'ebbero finito di cenare, ecco giungere Pénia [Povertà] per mendicare, come avviene dove si sciala, e se ne stava sulla soglia. Frattanto Poros, ubriaco di nettare — non c'era ancora il vino — entrato nel giardino di Zeus, sopraffatto dal sonno, s'era buttato a dormire. Allora Pénia, macchinando per la sua povertà d'avere un figliuolo da Poros, si mise a giacere accanto a lui e divenne incinta di Eros. E per questo appunto egli è anche seguace e ministro d'Afrodite, perchè generato nel dì natalizio di lei ed insieme perchè da natura amante del bello, e Afrodite è bella. In quanto, dunque, figliuolo di Poros e di Pénia ad Eros toccò questa sorte: innanzi tutto è sempre povero, e lungi dall'essere delicato e bello, come generalmente si crede, è anzi duro,

squallido, scalzo, senzatetto, uso a dormire sulla nuda
terra, senza coperte, dinanzi alle porte, a cielo aperto,
per natura simile alla madre e casigliano della miseria.
Ma, d'altro lato, per parte del padre è pronto sempre a
tendere insidie ai belli e ai buoni, coraggioso, temerario,
impetuoso, cacciatore terribile, sempre occupato a pre-
parar lacciuoli, avido d'intendere, ricco d'espedienti, dedito a filosofare per tutta la vita, ciurmadore, mago e
sofista insuperabile. E di sua natura non è nè immortale
nè mortale, ma a volte, nello stesso giorno, germoglia
e vive, quando tutto gli va a vele gonfie; a volte muore
e poi, data la natura del padre, rivive daccapo, e spreca
sempre tutto quel che guadagna, sicchè non è mai nè
povero nè ricco, e d'altro lato tiene il mezzo tra la sapienza e l'ignoranza. E s'intende: degli dei nessuno filo-
204 sofeggia o desidera di divenir sapiente — perchè è già
tale — e se c'è altri sapiente, non filosofeggia nemmeno. Ma, d'altronde, neppur gl'ignoranti filosofeg-
giano o desiderano di diventar sapienti. Giacchè proprio
questo è il guaio dell'ignoranza: che chi non è nè
ammodo nè saggio s'illude d'essere un uomo che basti
a sè medesimo. E chi non crede d'esser manchevole
non desidera nemmen per sogno quello di cui non crede
di mancare.

E chi, Diotima, diss'io, son quelli che si volgono alla
filosofia, se non sono nè i sapienti nè gl'ignoranti?.

Codesto, rispose, dovrebbe esser manifesto perfino ad
un ragazzo: son quelli che tengono il mezzo tra gli uni
e gli altri; e tra questi è anche Eros. Perchè la sapienza
è tra le cose più belle, ed Eros è amore del bello, sicchè
necessariamente Eros deve aspirare alla sapienza, deve
esser filosofo, e come filosofo tenere il mezzo tra sapiente
e ignorante. E anche questo gli vien dalla nascita, giacchè
egli è di padre sapiente e ricco, ma di madre nè sapiente
nè ricca. Questa, mio caro Socrate, è la natura del démone. Che tu poi ti fossi immaginato Eros come te lo
eri immaginato, nessuna meraviglia: tu avevi creduto,
se non m'inganno, a giudicarne da quel che dici, che
Eros fosse l'amato, non l'amante, e però penso che Eros
ti paresse bellissimo, perchè difatti ciò che è degno di

amore è il realmente bello, delicato, perfetto e tale da stimarsi beato. Ma l'amante ha tutt'altro aspetto, e precisamente quello che t'ho ritratto.

XXIV. — Ed io dissi: Sia pure, ospite; chè infin dei conti tu ragioni bene. Ma se Eros è tale, che utile reca agli uomini?

Codesto, disse, Socrate, mi proverò d'insegnartelo fra poco. Intanto Eros è tale e nato a questo modo, ed è Eros di bellezza, come tu dici. Ora se qualcuno ci domandasse: « Che cosa vuol dire, Socrate e Diotima, Eros di bellezza? » O più chiaramente: Chi ama ama il bello, e che ama?

Ed io: Possederlo, risposi.

Ma, soggiunse, la tua risposta chiama quest'altra domanda: Che ci guadagna chi possiede il bello?

Io dissi di non saper veramente che cosa rispondere, così, su due piedi, a questa domanda.

Ma, riprese, fa conto che qualcuno, mutando i termini, sostituisse bene a bello, e ti chiedesse: « Orsù, Socrate, chi ama ama il bene; e che ama? »

Possederlo, risposi.

E che ci guadagna chi possiede il bene?

Ecco una domanda più facile, dissi; a questa posso rispondere: ci guadagna d'esser felice. 205

Difatti, disse, per il possesso del bene i felici sono felici, e non è necessario chiedere ancora: E perchè vuol esser felice chi vuole esser felice? Giacchè la risposta finisce qui, mi pare.

È vero, risposi.

E questo desiderio e questo amore credi tu che sia comune a tutti gli uomini e che tutti vogliano posseder sempre il bene? O come dici?

Così è, risposi: comune a tutti.

E perchè mai dunque, Socrate, non di tutti diciamo che amano, se poi tutti aman lo stesso e sempre; ma di taluni diciamo che amano e d'altri no?

Me ne meraviglio anch'io, dissi.

No, non meravigliartene, soggiunse, perchè noi, dopo di aver preso a parte una delle specie d'amore, diamo a questa il nome dell'intero, e la chiamiamo a m o r e , mentre per le altre ci serviamo di altri nomi.

Come sarebbe a dire? chiesi.

Ecco, per esempio: sai bene che *poíïsis*, [' fattura ', ' poesia '] implica molti significati, giacchè ogni operazione, la quale faccia che una cosa dal n o n e s s e r e passi all' e s s e r e è *poíēsis*, sicchè le produzioni, attinenti a tutte le arti, sono anch'esse *poíēseis*, e i loro produttori tutti *poïëtaí*.

È vero.

E tuttavia, disse, sai pure che non si chiamano *poïëtai*, ' poeti ', ma hanno altri nomi; e una particella sola, distaccata da tutta la *poíēsis*, quella che ha per oggetto la musica e le composizioni metriche, è chiamata col nome dell'intero. Soltanto questa infatti prende nome di p o e s i a , e p o e t i quelli che posseggono questa particella della *poíēsis*.

È vero, dissi.

E così, dunque, anche dell'amore. La somma n'è ogni desiderio del bene e dell'esser felice, il m a s s i m o e i n g a n n e v o l é a m o r e (1) d'ognuno. Ma di quelli che vi si volgono per un'altra delle molte vie, o del guadagno o della ginnastica o della filosofia, non si dice che a m i n o , nè son chiamati a m a n t i , laddove coloro che tendono a questa sola specie, e si consacrano ad essa, prendono il nome del tutto, a m o r e e a m a r e e a m a n t i .

Mi pare che tu dica il vero, risposi.

Eppure, seguitò, corre per le bocche un certo discorso: che quelli i quali vanno in cerca della propria metà, questi amano. Il mio discorso invece dice che l'amore non è nè della metà nè dell'intero, ove, amico mio, non si creda di scorgere un bene, poichè gli uomini si lascian volentieri amputare e piedi e mani, sempre che paia ad essi che le loro proprié membra non sieno più buone. Giacchè, secondo me, non è il p r o p r i o quello che ciascuno ha caro, se pure non si chiami proprio il bene

____

(1) Pare una citazione; ma la frase destò dei sospetti in parecchi interpreti, e fu addirittura considerata come un glossema dall'Hug e dal Bonghi.

e altrui il male. Perchè io non vedo altra cosa che gli 206
uomini amino, all'infuori del bene. E tu?

Per Zeus, e nemmeno io.

O dunque, possiamo affermare, così senz'altro, che gli uomini amano il bene?

Certamente, risposi.

E che? riprese; non si deve anche soggiungere che essi amano d'averlo con sè, il bene?

Certo.

E per dippiù, disse, non solo d'averlo, ma anche d'averlo sempre?

Sì, anche questo.

Insomma, dunque, concluse, l'amore è amore di aver sempre il bene con sè.

Tu hai pienamente ragione, dissi.

XXV. — Poichè l'amore è questo sempre, ripigliò ella, in che modo e in quale atto la cura e lo sforzo di quelli, che gli corron dietro, si può chiamare amore? E che opera è mai questa? Me lo sai dire?

Se lo sapessi, Diotima, risposi, non avrei tanta ammirazione per la tua sapienza, nè verrei così spesso da te per imparare appunto codeste cose.

Ebbene, te lo dirò io: quest'opera è il partorire nel bello, così secondo il corpo come secondo l'anima.

Le tue parole han bisogno d'un indovino, dissi. Io non capisco.

Ma io, riprese, te lo spiegherò più chiaramente. Tutti gli uomini, Socrate, concepiscono e secondo il corpo e secondo l'anima; e, giunti a una certa età, la nostra natura desidera di partorire. Ma partorire nel brutto non può; nel bello, sì; l'accoppiamento infatti dell'uomo e della donna vuol dire parto. E questa è cosa divina, e nel vivente, che è mortale, questo è immortale: il concepimento e la generazione. Ora è impossibile che ciò avvenga nel disarmonico, e disarmonico è il brutto rispetto a tutto il divino; armonico invece il bello. Sicchè Bellezza è Moira [Parca, dea della nascita e della morte] ed Eilithyia [dea che presiede al parto ed alla generazione]. E però, quando la creatura gravida s'avvicina al bello, diventa gaia, e nella sua letizia s'effonde e partorisce e genera. Ma quando al contrario s'appressa al brutto, si abbuia, e nella sua tristezza si contrae, si volge indietro, si raggomitola e non genera; ma, trattenendo in sè il feto, si sente male. Donde appunto nella creatura, gravida e già smaniante di desiderio, l'ansia grande per ciò che è bello, giacchè esso libera chi lo possiede dalle gravi doglie del parto. Perchè, Socrate, l'amore non è amore del bello, come tu pensi.

Ma e di che allora?

Di generare e partorire nel bello.

E sia, dissi.

Non c'è dubbio, riprese. Ma perchè poi della generazione? Perchè la generazione è un sempregenerato e immortale nel mortale. Sicchè da ciò che s'è convenuto segue necessariamente che l'amore è desiderio d'immortalità nel bene, se è amore d'aver sempre il bene con sè. E un'altra conseguenza necessaria di questo ragionamento è che l'amore è anche amore dell'immortalità.

XXVI. — Tutte queste cose ella m'insegnava ogni volta che si ragionava d'amore. E un giorno mi chiese: Che cosa mai, Socrate, credi tu che sia causa di codesto amore e di codesto desiderio? O non senti che terribile crisi attraversino tutti gli animali, e terrestri e volatili, quando senton desiderio di generare, ammalandosi tutti e struggendosi d'amore, prima, di mescolarsi insieme; poi, di allevare la prole; e come sieno pronti per essa a combattere, i più deboli coi più forti, e a spender la propria vita in difesa di quella e a soffrire essi la fame, pur di nutrire i loro nati, e a fare qualunque altra cosa? Degli uomini, tanto, si può credere che lo facciano per effetto d'un ragionamento; ma e gli animali, che cosa può indurli a questo prodigio d'amore? Sai dirmelo?

Ed io a risponder daccapo di non saperlo.

Ella ripigliò: E pensi, dunque, di poter divenire esperto in cose d'amore, se non intendi questo?

Ma per questo appunto, Diotima, come dianzi dicevo, vengo da te, perchè so d'aver bisogno di maestri.

Ma tu dimmene la cagione, e di queste e delle altre cose relative all'amore.

Ebbene, se ritieni per fermo che l'amore sia per natura amore di quello di cui s'è convenuto più volte, non te ne meravigliare. Giacchè qui si torna allo stesso discorso: la natura mortale cerca, per quanto può, di essere sempre e immortale. E può esserlo soltanto per questa via, per la generazione, chè così lascia sempre dopo di sè qualcos'altro di nuovo in cambio del vecchio. Poichè, anche in quello spazio di tempo durante il quale di ciascun animale si dice che è vivo e che è lo stesso... per esempio, d'un uomo, da bambino fino a che non diventi vecchio, si dice che è il medesimo; eppure costui, quantunque non conservi mai in sè stesso le stesse cose, tuttavia passa per essere il medesimo, pur rifacendosi in parte incessantemente giovane, e in parte deperendo e nei capelli e nelle carni e nelle ossa e nel sangue e in tutto il corpo. E nonchè per il corpo, ma anche per l'anima, i modi, i costumi, le opinioni, i desiderî, i piaceri, i dolori, le paure, ciascuna di queste varie cose non riman punto la stessa in ciascuno, ma talune nascono, altre periscono. E, quel che è ben più sorprendente, non solo le cognizioni, altre nascono, altre periscono in noi, 208 e noi non siamo, nemmen rispetto alle cognizioni, sempre gli stessi, ma anche per ciascuna delle nostre cognizioni s'avvera lo stesso. Giacchè ciò che si dice meditare si dice appunto della cognizione in quanto va via. Dimenticanza infatti è uscita di cognizione, e la meditazione, creando in noi un nuovo ricordo al posto dell'antico, salva la cognizione in guisa che questa ci sembri che sia la medesima. A questo modo tutto il mortale si salva, non con l'essere in tutto sempre lo stesso, come il divino; ma col lasciare dopo di sè, in cambio di ciò che va via e invecchia, qualcos'altro di nuovo che gli somiglia perfettamente. Mercè d'un tale espediente, Socrate, diss'ella, il mortale partecipa dell'immortalità, sia corpo, sia checchè si voglia. Ma l'immortale procede per altra via. Non ti meravigliare dunque, se ogni essere per natura onora il proprio germoglio, giacchè per desiderio d'immortalità siffatta cura ed amore s'ingenera in ogni creatura.

XXVII. — All'udire questo ragionamento ne rimasi sorpreso, e dissi: Sia pure, sapientissima Diotima; ma è poi realmente così?

Ed ella, come i perfetti sofisti (1): Abbilo per fermissimo, Socrate, rispose. Chè, se vuoi guardare anche all'amore degli uomini per la gloria, ove tu non tenga presente ciò che ho detto, avresti motivo di meravigliarti della loro stoltezza, riflettendo da quale ardore sien posseduti di divenir celebri e gloria procacciarsi ne' secoli tutti immortale (2), e come perciò sieno pronti a sfidare qualsiasi pericolo, anche più che per i figli, e consumar sostanze e soffrire qualsiasi sofferenza e far getto della propria vita. Poichè credi tu, disse, che Alcéstide sarebbe morta in cambio di Admeto o Achille soprammorto a Pátroclo o Codro vostro (3) premorto per assicurare il regno ai figliuoli, se non avesser creduto di lasciare quel ricordo di sè, che ora noi serbiamo di loro? Ci vuole ben altro! disse. Ma per conseguire virtù immortale e siffatta fama gloriosa, tutti, a parer mio, son pronti a qualsiasi cosa, e quanto migliori, tanto più, perchè amano l'immortale. Quelli dunque che son gravidi, disse, nel corpo, si volgono di preferenza alle donne, e per questa via sono amorosi, procurandosi per mezzo della generazione dei figliuoli, come pensano, immortalità, ricordo e beatitudine per tutto il tempo avvenire. 209 Coloro invece che son gravidi nell'anima... perchè, diceva, c'è pure di quelli che son gravidi nell'anima, ancor più che nei corpi, di ciò che all'anima s'addice e di concepire e di partorire; e che cosa le s'addice? la saggezza e le altre virtù; e di queste sono generatori i poeti tutti, e degli artisti quanti son detti inventori. E tra le forme di saggezza, disse, la più alta di gran lunga e la più bella

---

(1) L'osservazione di Socrate si riferisce al tono di sicurezza, per dir così, cattedratico e dogmatico che assume Diotima, la quale di quì in poi abbandona la conversazione familiare per pronunziare un discorso lungo e filato.

(2) Dev'essere una citazione poetica. L'Hug osserva che in questa parte Diotima si compiace di versi e di forme poetiche.

(3) Codro è il leggendario re che andò volontariamente incontro alla morte per salvare l'Attica dalla invasione dorica.

è quella che s'occupa degli ordinamenti politici e dome-
stici, a cui si dà nome di prudenza e di giustizia. E allorchè poi qualcuno di costoro per esser divino (1) sia da
giovane gravido nell'anima, e giunta l'età desideri oramai
di partorire e generare, anche costui, credo, ricerca pre-
murosamente quel bello nel quale possa generare, giacchè
nel brutto non vorrà generar mai. E quindi egli, gravido
com'è, si compiace dei bei corpi più che dei brutti, e
ove s'incontri in un'anima bella e generosa e d'indole
buona, si compiace vivamente d'un tale insieme, e con
esso egli è subito largo di discorsi intorno alla virtù e su
quel che dev'essere l'uomo dabbene e sul tenore di vita
che questi deve proporsi; e si dà a educarlo. Perchè,
credo, a contatto della bella persona e nei colloquî con
essa, egli partorisce e genera quello di cui da gran tempo
era gravido, ricordandosi di lei, presente o lontano, e
la prole egli alleva in comune con quella, cosicchè uomini
siffatti mantengon tra loro una comunanza assai più
intima, che non quella che avrebbero per merito dei
figliuoli, e un'amicizia assai più salda, dacchè essi hanno
in comune dei figli più belli e più immortali. E ognuno
per sè preferirebbe d'aver piuttosto di siffatti figliuoli,
che quelli umani, guardando a Omero, a Esiodo e
agli altri poeti insigni, invidioso dei nati che questi
lascian di sè e che assicurano loro gloria e ricordanza
immortale, perchè sono essi stessi immortali; e se vuoi,
disse, dei figliuoli come quelli che lasciò Licurgo a Lacedemone, salvatori di Lacedemone, e, sto per dire, del-
l'Ellade. E da voi è anche onorato Solone per la generazione delle leggi, ed altri in molti altri luoghi, e tra
gli Elleni e tra' barbari, autori di tante belle opere e
generatori d'ogni sorta di virtù. Ai quali anche molti
tempî già vennero eretti per siffatti figliuoli, laddove per
gli umani fin qui a nessuno.

XXVIII. — Sino a questo grado nei misteri amorosi,
Socrate, forse avresti potuto iniziarti da te. Ma nelle
dottrine perfette e contemplative, alle quali, ove si pro- 210

---

(1) Mantengo qui la lezione dei codd. θεῖος ὤν.

ceda rettamente, quelle finora esposte servono di preparazione, non so se ne saresti capace. Te le esporrò dunque io, disse, e non tralascerò di metterci tutta la mia buona volontà. E tu cerca di seguirmi, se ti riesce. Perchè chi vuol incamminarsi per la via diritta a questa impresa, deve da giovane andare verso i bei corpi, e dapprima, se chi lo guida lo guida dirittamente, amare un sol corpo e generare in esso discorsi belli; e poi intendere che la bellezza in un qualunque corpo è sorella della bellezza d'un altro corpo; e se convien perseguire ciò che è bello d'aspetto, sarebbe una grande stoltezza non stimare che una sola e identica sia la bellezza in tutti i corpi. E inteso che abbia questo, divenire amante di tutti i bei corpi, e calmare quei suoi ardori per uno solo, spregiandoli e tenendoli a vile. E in seguito reputare che la bellezza delle anime sia di maggior pregio che la bellezza del corpo, sicchè, ove uno sia bello dell'animo, quand'anche poco leggiadro, se ne contenti e lo ami e ne prenda cura e partorisca e cerchi ragionamenti siffatti, che valgano a render migliori i giovani, affinchè sia dipoi costretto a considerare il bello che è nelle istituzioni e nelle leggi, e riconoscere che esso è tutto congenere a sè, e si persuada così che il bello corporeo non è che piccola cosa. E dopo le istituzioni < la sua guida > lo conduca più in alto, alle scienze, perchè veda alla loro volta la bellezza delle scienze, e mirando all'ampia distesa del bello, non più, estasiandosi come uno schiavo, davanti alla bellezza d'una singola cosa, d'un giovanetto o d'un uomo o d'una istituzione sola, e servendo sia una abietta e meschina persona; ma volto al gran mare della bellezza, e contemplandolo, partorisca molti e belli e magnifici ragionamenti e pensieri in un amore sconfinato di sapienza, fino a che, in questo rinvigorito e cresciuto, non s'elevi alla visione di quell'unica scienza, che è scienza di cosiffatta bellezza.

E ora, continuava, fa di aguzzare l'occhio della mente quanto più puoi. — **XXIX.** — Giacchè colui che sia stato educato fin qui alle cose amorose, contemplando a grado a grado e rettamente il bello, pervenuto al termine della via d'amore scorgerà d'improvviso una bellezza di sua natura stupenda, e precisamente quella, Socrate, per la quale si eran durati tutti i travagli precedenti, quella che innanzi tutto è eterna, che non diviene e non perisce, non cresce e non scema; e poi, che non è bella per un verso e brutta per un altro, nè a volte sì a volte no, nè bella rispetto a una cosa e brutta rispetto ad un'altra, nè qui bella e lì brutta, o bella per alcuni e brutta per altri. Nè, per dippiù, la bellezza prenderà ai suoi occhi la forma come di volto o di mano o d'alcunchè di corporeo, nè d'un discorso o d'una scienza o di qualcosa che sia in un altro, in un animale, poniamo, o in terra o in cielo o dove che sia; ma gli apparirà qual è in sè, uniforme sempre a sè medesima, e tutte le altre cose belle, partecipi d'essa in tal modo, che, mentre queste altre e divengono e periscono, essa non divien punto nè maggiore nè minore, e non soffre nulla. E quando alcuno per aver rettamente amato i fanciulli, sollevandosi dalle cose di quaggiù, prenda a contemplare quella bellezza, allora può dirsi che abbia quasi toccato la meta. Perchè questo appunto è sulla via d'amore procedere o esser guidato dirittamente da un altro: muovendo dalle belle persone di quaggiù ascendere via via sempre più in alto, attratto dalla bellezza di lassù, quasi montandovi per una scala, da un bel corpo a due, e da due a tutti i bei corpi, e da' bei corpi alle belle istituzioni e dalle istituzioni alle belle scienze per finire dalle scienze a quella scienza che non è scienza d'altro se non di quella bellezza appunto; e pervenuto al termine, conosca quel che è il bello in sè.

Questo, mio caro Socrate, se altro mai, diceva l'ospite di Mantinea, è il momento della vita degno per un uomo d'esser vissuto, allorchè egli può contemplare la bellezza in sè. Ed essa, ove mai tu la veda, non ti parrà comparabile nè con oro nè con vesti nè con quei bei fanciulli e giovanetti, al cospetto dei quali rimani ora sgomento e sei pronto, e tu e molti altri, guardando codesti vostri amati e standovi con loro, se fosse possibile, sempre, a non mangiare nè bere, ma soltanto a contemplarveli e starci insieme. E che sarebbe, diceva, se a qualcuno riuscisse di vedere il bello in sè, schietto, puro, sincero, non infarcito di carni umane e di colori e di

tante altre vanità mortali, ma potesse scorgere la divina
bellezza in sè medesima, uniforme? Credi tu che sia
212 una vita da tenere a vile quella di chi possa guardare colà e contemplare con l'intelletto (1) quella bellezza e starsi con essa? O non pensi, disse, che quivi
soltanto, a lui che vede la bellezza con quello per cui
essa è visibile, verrà fatto di partorire, non immagini
di virtù, perchè non è in contatto con immagini, ma
virtù vera, perchè in contatto col vero; e che, avendo
generato e nutrito virtù vera, a lui solo è concesso di
divenir caro agli dei, ed anche, se altri mai fu tale al
mondo, immortale?

Eccovi, Fedro e voi altri, quel che diceva Diotima, e
io ne fui persuaso; e, persuaso, mi adopero a persuadere
anche gli altri che per procacciare alla natura umana
un tanto acquisto non si può facilmente trovare un
collaboratore più valido d'Eros. E perciò appunto affermo che ogni uomo ha l'obbligo di rendere onore
ad Eros, e io stesso onoro e coltivo in modo speciale
le discipline amorose e vi esorto gli altri; ed ora e
sempre, per quanto è in me, encomio la possanza e la
fortezza di Eros.

Questo discorso, Fedro, ritienilo detto come un elogio
d'Eros, se credi; se no, chiamalo pure come ti piacerà
di chiamarlo.

XXX. — Poichè Socrate ebbe finito, tutti, raccontava
Aristodemo, gli rivolsero delle lodi, eccetto Aristofane,
che s'accingeva a dire non so che cosa, perchè Socrate,
nel parlare aveva alluso al discorso di lui, quando, a un
tratto, s'ode picchiare violentemente alla porta di strada
e insieme un gran chiasso, come di gente avvinazzata,
che usciva da un banchetto, e la voce d'una suonatrice
di flauto. Al che Agatone: Ragazzi, disse, andate a vedere; e se è qualcuno dei nostri, fatelo entrare; se no,
dite che s'è smesso di bere e stiamo già riposando. Ed,
ecco, un momento dopo, si sente nel vestibolo la voce

---

(1) Alla lettera: con quello con cui si conviene (contemplarlo), cioè
τῷ νῷ 'con la mente'.

d'Alcibiade, ubriaco fradicio, che strepitava: Dov'è Agatone? Menatemi da Agatone! Entrò, sorretto dalla suonatrice e da alcuni dei suoi compagni, e si fermò sulla soglia dell'uscio. Aveva il capo ricinto d'una folta corona di edera e di viole (1) e adorno d'una infinità di nastri. E disse: Salute, amici! Vorrete compiacervi di dare un posto per bere con voi a un ubriaco fradicio, o dobbiamo andar via subito dopo di aver incoronato Agatone, che è lo scopo per cui siamo qui? Ieri non mi riuscì di venire, ma ora eccomi qui, col capo coperto di nastri, per ricingerne dal mio il capo del più sapiente, del più bello, lasciatemelo dire, tra gli uomini. Riderete voi forse, perchè sono ubriaco? Ebbene, ridete pure; ma io so di 213 dire la verità. Intanto ditemi senz'altro, se posso o no entrare a queste condizioni. Siete pronti a bere con me, o no?

Tutti in coro con alte grida gli risposero che entrasse e si mettesse a giacere, e Agatone ve lo invitò. Egli venne avanti condotto dai compagni, e poichè si veniva levando que' nastri per incoronarne l'ospite, non s'accorse di Socrate, che pure gli stava dinanzi agli occhi, ma si mise a sedere accanto ad Agatone, tra questo e Socrate, il quale, come l'aveva visto (2), s'era tratto da parte. Sedutosi, abbracciò Agatone e gli cinse il capo.

E Agatone disse: Ragazzi, slacciate i sandali ad Alcibiade, perchè possa sdraiarsi terzo fra noi.

Benissimo, disse Alcibiade; ma chi è questo nostro terzo compagno? E ad un tempo, volgendo gli occhi, vide Socrate, e vistolo diè un balzo, esclamando: Per Éracles, che roba è questa? Socrate qui? Ancora un agguato! E hai preso questo posto per apparirmi, al solito, dinanzi, dove meno me l'aspettavo? E ora, perchè sei qui? E perchè poi ti sei messo a giacere proprio in questo posto? Perchè non accanto ad Aristofane o a qualche altro, che sia o voglia parere un burlone, ma tanto ti sei destreg-

---

(1) « Alcibiade veniva coronato, perchè usciva da un altro banchetto. Le corone, che solevano essere di foglie di mirto, di pioppo bianco o di edera intrecciate con rose e in Atene a preferenza con viole, si distribuivano dai servi, quando, finita la cena, si passava a bere. » (Hug).

(2) Leggo ὡς ἐκεῖνον κατεῖδεν secondo il pap. d'Ossirinco.

giato da venirti a sdraiare accanto al più bello di quanti sono qui dentro?

E Socrate: Agatone, disse, guarda un po' di difendermi, perchè l'amore per me di costui non mi dà poco da fare. Dacchè presi ad amarlo, non son più padrone di guardare o discorrere con nessun'altra bella persona senza che costui, roso dalla gelosia o dall'invidia, non faccia cose dell'altro mondo, e mi copra d'insulti, e per poco non mi metta le mani addosso. Guarda che anche ora non ne faccia qualcuna delle sue. Metti pace tra noi, o, se cerca d'accopparmi, aiutami, perchè io ho una paura matta dei suoi furori e delle sue smanie amorose.

Pace tra me e te? ribattè Alcibiade; non è possibile. Ma di questo ti castigherò in qualche altra occasione. Per ora, Agatone, rendimi un po' di codesti nastri, perchè io ne ricinga il meraviglioso capo di costui qui, e non mi accusi d'aver coronato te, e lui poi, che vince nei discorsi tutti, e non solo ier l'altro, come te, ma sempre, non l'ho coronato. E così dicendo, prese alcuni nastri, ne cinse il capo di Socrate e si mise a giacere.

XXXI. — Dopo che si fu sdraiato, riprese: E che amici? non siete in vena di bere? Io non posso permetterlo; bisogna bere: è stato il nostro patto. Io scelgo a re del bere, finchè non avrete bevuto abbastanza, me stesso. E Agatone faccia portare, se c'è, una gran tazza. No, no, non occorre. Ragazzo, a me quel bigonciolo — s'era accorto che conteneva più di otto cotili (1) — lo riempì e bevve per il primo; poi ordinò che si mescesse per Socrate, aggiungendo: Del resto, amici, con Socrate la mia astuzia non attacca: si può farlo bere quanto si vuole, non c'è caso che s'ubriachi.

Socrate, quando il ragazzo gli ebbe mesciuto, bevve.

Ma Erissímaco disse: Che facciamo, Alcibiade? Tracanneremo così un bicchiere sull'altro senza intramezzarvi nè un discorso nè un canto, proprio come degli assetati?

E Alcibiade: Erissímaco, eccellente figlio d'eccellente e sennatissimo padre, salute!

---

(1) La cotile equivaleva a circa un quarto di litro.

E salute a te pure! rispose Erissimaco. Ma che dobbiamo fare?

Quel che tu ordini: a te bisogna obbedire,

Chè certo un medico solo val quanto molti uomini insieme.

Ordina dunque a tuo modo.

Ebbene, da' retta, riprese Erissimaco. Prima della tua venuta s'era fissato che ciascun di noi per turno a destra pronunziasse un discorso, il meglio che si poteva, su Eros, in elogio di questo dio. Tutti noialtri abbiamo parlato. Tu che non hai parlato, ma hai bevuto, è giusto che ne faccia uno tu pure. Dopo, imponi a Socrate quel che ti piace, ed egli farà altrettanto per turno a destra con gli altri.

Belle parole, Erissimaco! rispose Alcibiade. Ma non ti pare che a mettere un ubriaco in gara di discorsi con gente che ha la testa a posto, la partita non sia pari? E dimmi pure, beato amico: ci credi tu a quel che Socrate ha detto or ora di me? Non sai che è proprio il rovescio di ciò che egli diceva? Giacchè costui, se in presenza sua mi permetterò di lodare un altro, dio o uomo che non sia lui, non terrà a posto le mani.

Parla con più rispetto, disse Socrate.

Per Poseidone, riprese Alcibiade; non contradirmi. Sai bene che in presenza tua non potrei lodare nessun altro.

E tu fa' come vuoi, ripigliò Erissimaco: loda Socrate.

Come dici? Ti pare, Erissimaco, che convenga? Posso dare addosso a quest'uomo e vendicarmi di lui sotto i vostri occhi?

Ohè, giovanotto, che ti salta in mente? Con la scusa di lodarmi vuoi mettermi alla berlina? O che vuoi fare?

Dirò la verità. Guarda però di lasciarmela dire.

Ma, certo, la verità te la lascerò dire, anzi voglio che tu la dica.

Son pronto, riprese Alcibiade. E tu fa' così: se non dico la verità, interrompimi e dammi una smentita, chè di proposito non dirò nessuna bugia. Ma se salterò di 215 palo in frasca, come la memoria mi suggerisce, non te ne sorprendere, giacchè non è facile per chi è nelle mie condizioni enumerare per filo e per segno tutti i tratti della tua originalità (1).

XXXII. — Socrate, amici, comincerò a lodarlo così, per via di paragoni. Costui crederà forse ch'io voglia farvi ridere alle sue spalle; eppure il paragone mira a rappresentarvelo qual è realmente, non a metterlo in burla. Dico dunque ch'egli è similissimo a quei Sileni esposti nelle botteghe degli scultori, che gli artisti raffigurano con zampogne o flauti in mano e che, aperti in due, mostrano nell'interno immagini di dei (2). E dico per dippiù che somiglia al satiro Marsia (3). E che tu sia nell'aspetto simile a quelli, neanche tu, Socrate, oseresti metterlo in dubbio. Che poi somigli anche nel resto, stammi ora a sentire. Sei un gran canzonatore; o no? Se lo neghi, presenterò dei testimoni. E un flautista, no? Anzi più meraviglioso di Marsia. Questi, è vero?, molceva gli uomini per via di strumenti con la potenza della sua bocca, e anche oggi chi suona le composizioni di lui — perchè già quelle che Olimpo suonava appartengono senz'altro a Marsia, che gliele aveva insegnate... e a buon conto le sonate di lui, o che le esegua un abile flautista o una flautista dappoco, per essere opera divina, valgono da sole a soggiogarci e farci sentire chi prega gli dei e chi aspira ad essere iniziato. Ma

---

(1) Il discorso, che Platone fa pronunziare ad Alcibiade, oltre ad essere l'applicazione pratica della teorica bandita da Socrate, che ci è così rappresentato come l'amante perfetto e il tipo vivente del filosofo, è assai probabilmente anche un'abile e splendida difesa di costui contro le maligne insinuazioni d'un sofista, Policrate, che in un libello contro Socrate doveva aver presentato sotto una luce tutt'altro che favorevole le relazioni d'amicizia che intercedevano tra il maestro ed Alcibiade.

(2) Questi Sileni erano, pare, una specie d'armadi, riproducenti le fattezze dei popolarissimi compagni di Dióniso, e dovevano essere d'una certa capacità, se nell'interno potevano contenere parecchie statuette e simulacri di numi. E il modo come v'accenna Alcibiade fa intendere che dovessero essere assai noti e comuni in Atene.

(3) Il satiro Marsia, in origine un dio fluviale dell'Asia Minore, inventore del flauto, flautista eccellente e maestro di Olimpo, a cui Alcibiade accennerà fra poco, sfidò ad una gara musicale Apollo che suonava la cetra, e, vinto dal dio, fu tratto fuori « della vagina delle membra sue ».

tu, tu sei di tanto superiore a lui, che senza bisogno di strumenti con semplici parole ottieni questo medesimo effetto. Difatti noi, quando udiamo qualche altro oratore, sia pure eccellente, pronunziare degli altri discorsi, non ce ne interessiamo, per così dire, nè punto nè poco. Ma ove qualcuno oda te o qualche altro, e sia pure il più inetto parlatore, che riferisca le tue parole, o·che le oda una donna o un uomo o un giovanetto, ne siamo rapiti ed esaltati. Ed io, amici, se non temessi di passare per ubriaco sino alle midolla, vi direi, e giurerei, che sorta d'effetti ho risentito dalle parole di costui e ne risento tuttora. Giacchè a me, quando le odo, ben più che agl'invasati d'un furore coribantico (1), il cuore mi balza nel petto e mi sgorgan le lagrime ai discorsi di costui; e anche a moltissimi altri vedo che capita lo stesso. A udir Pericle e altri oratori di grido dicevo tra me e me: parlano benissimo; ma non risentivo nulla di simile, nè la mia anima era messa a soqquadro, nè mi attristavo di menare una vita da schiavo. Ma sotto i discorsi di questo Marsia ch'è qui, ho provato spesso l'impressione che non valesse la pena di vivere, vivendo 216 come vivo. E questo, Socrate, non dirai che non sia vero. E anche ora, non lo nego, ho coscienza che, a volergli prestare orecchio, non potrei resistere, ma risentirei gli stessi effetti.. Giacchè egli mi obbliga a confessare che, con tante deficenze che ho, trascuro ancora me stesso per occuparmi delle faccende degli Ateniesi. E però a viva forza, come dalle Sirene, tappandomi gli orecchi, mi sottraggo, fuggendo, per non invecchiare seduto accanto a costui. E solo davanti a quest'uomo ho provato quel sentimento, che nessuno sospetterebbe in me, il sentimento della vergogna. Io, sì, mi vergogno soltanto di costui. Perchè sento dentro di me di non potergli contradire, che non si debba fare quello a cui egli mi esorta; ma poi, non appena m'allontano da lui, ecco che mi lascio vincere dalle lusinghe del favor popolare.

---

(1) I Coribanti erano i sacerdoti della dea asiatica Cibele, che essi veneravano con un culto orgiastico, nelle cui cerimonie eran presi da un furore divino.

Sicchè lo evito e lo fuggo; e ogni volta che lo vedo, mi vergogno d'avergli dato ragione. E spesso vedrei volentieri ch'egli non è più tra gli uomini; eppure, se ciò avvenisse, son certo che me ne dorrei assai dippiù, sicchè di quest'uomo non so addirittura che farmi.

XXXIII. — Dunque, dalle sonate di costui, di questo satiro qui, e io e molti altri abbiamo provato questi effetti. Ora statemi a sentire com'egli è simile, anche per altri versi, a quelli a cui lo paragonavo, e come è meraviglioso il potere che possiede. Perchè, siatene certi, nessuno di voi lo conosce. Ma ve lo scoprirò io, dacchè mi ci son messo. Voi vedete che Socrate si strugge di amore per i bei giovani, ed è sempre a loro d'intorno, e se ne mostra fuori di sè, e del resto ignora tutto e non sa nulla. E non è da Sileno codesto? E come! Ma questa è l'apparenza, sotto cui s'è nascosto, come il Sileno scolpito. Ma di dentro, aperto, indovinate voi, compagni bevitori, di quanta temperanza è pieno? Sappiate che se uno è bello, a lui non gliene importa nulla, ma lo disprezza, quanto nessuno lo crederebbe; nè se è ricco, nè se ha qualcuna di quelle dignità che costituiscono per la folla il colmo della beatitudine. A tutti questi beni egli non dà nessun valore, e nessuno a noi — ve lo dico io — e passa tutta la vita a far dell'ironia e a scherzare alle spalle degli altri. Ma quando fa sul serio ed è aperto, non so se qualcuno ha visto i simulacri di dentro; ma io li ho visti una volta, e mi parvero così divini e aurei e 217 bellissimi e mirabili da dover fare senz'altro quel che Socrate comanda. Infatti, credendolo preso davvero della mia bellezza, stimai un guadagno e una fortuna meravigliosi che mi si offrisse il destro di far cosa grata a Socrate e udire così tutto quello che egli sapeva, perchè ero orgoglioso della mia bellezza, e in che modo! Con questo in mente, mentre prima non ero solito di trovarmi da solo a solo con lui, senza qualcuno che m'accompagnasse, d'allora in poi mandavo via il mio accompagnatore e rimanevo solo con lui... giacchè a voi devo dire tutta la verità; ma voi state attenti, e se mentisco, tu, Socrate, sbugiardami. — Dunque, amici, rimanevo con

lui da solo a solo, e m'aspettavo ch'egli mi tenesse subito
quei discorsi che un amante suol tenere con un amato
a quattr'occhi, e ne godevo. Eppure non avveniva nulla
di questo: com'era solito, discorreva con me, e, trascorsa
tutta la giornata insieme, andava via. In seguito lo
invitai ad esercitarsi con me nella ginnastica e mi eserci-
tavo con lui, illudendomi che così avrei raggiunto il mio
scopo. E infatti egli si esercitava e lottava con me, spesso
senz'alcun testimone. Ma che! non si faceva un passo.
Poichè nemmeno questa via spuntava, mi parve che con
quest'uomo si dovesse venire ai ferri corti e non dargli
tregua dal momento che mi ci ero messo, ma vederci
chiaro in questa faccenda. Lo invitai così a cena con me,
tendendogli un tranello, proprio come un amante a un
amato. E sulle prime non volle neppure accettare; tuttavia, in capo a qualche tempo, s'arrese. Quando venne
la prima volta, finita la cena, volle andarsene, e per
allora, vergognandomi, lo lasciai libero. Ma un'altra volta,
fatto il mio piano, poichè si finì di cenare, discorsi con
lui sino a notte inoltrata; e quando egli voleva andar
via, col pretesto che fosse tardi, lo costrinsi a rimanere.
Egli riposava nel letto dove aveva cenato, accanto al
mio, e nella stanza non dormiva nessun altro all'infuori
di noi. Fin qui il racconto è tale, che si può fare in presenza d'ognuno; ma di qui in avanti non mi sentireste
parlare, se in primo luogo, come dice il proverbio, il vino,
e senza fanciulli e con fanciulli, non fosse veri-
tiero (1), e poi nascondervi un tratto così superbo di
Socrate, ora che son qui per farvene l'elogio, mi pare
un'ingiustizia. Ma c'è di più: io sento ancora l'effetto che
prova chi è morso da una vipera. Perchè, dicono, chi
l'ha sofferto non vuol parlare del proprio male, se non
ai morsicati, come i soli che sappiano e sien disposti a 218
compatire tutto quello che egli è giunto a fare e dire
sotto la sferza del dolore. Sicchè io, morso da puntura
più dolorosa e nel punto più doloroso in cui si possa

---

(1) Da questo luogo il proverbio apparisce come presente alla mente
d'Alcibiade sotto le due forme, tra le parecchie che se ne ricordano, di
οἶνος καὶ ἀλήθεια 'vino e verità', e οἶνος καὶ παῖδες ἀληθεῖς 'vino
e fanciulli < sono > veritieri '.

esser morsi... ferito e morso nel cuore e nell'anima, o com'altro si voglia chiamare, dai discorsi filosofici che son più cattivi d'una vipera, quando s'attaccano all'anima non ignobile d'un giovane, e gli fan dire e fare qualsiasi cosa... E, del resto, in presenza d'un Fedro, d'un Agatone, d'un Erissímaco, d'un Pausania, d'un Aristodemo e d'un Aristofane... Socrate stesso a che nominarlo?... e tutti voi altri? chè tutti siete posseduti dal delirio e dal furore filosofico... e però tutti udrete, perchè siete tutti in grado di compatire ciò ch'io feci allora e vi dirò ora. Quanto a voi, servi, e se c'è altri profano e rozzo, tiratevi delle porte ben grandi sui vostri orecchi (1).

XXXIV. — Poichè, dunque, amici, fu spenta la lucerna e i servi andarono a dormire, mi parve che non fosse il caso di ricorrere a raggiri con lui, ma di spiattellargli francamente quel che sentivo. E, scotendolo, gli chiesi: Socrate, dormi?

No, non dormo, rispose.

Ebbene, sai che cosa ho risoluto?

E che cosa? mi chiese.

Tu sei, ritengo, il solo degno d'esser mio amante, e vedo che esiti a farmene parola. Ora io la penso così: credo che sia una grande stoltezza da parte mia non compiacerti e in questo e in altro, se hai bisogno delle mie sostanze o dei miei amici. Per me, quello che soprattutto mi preme è di divenire quanto migliore io possa; e in ciò, credo, non potrei trovare un collaboratore più valente di te. Sicchè a non compiacere ad un uomo come te mi vergognerei ben più agli occhi delle persone di senno, che non a compiacerlo, agli occhi dei molti e sciocchi. Egli mi stette a sentire, e poi con quella sottile ironia, che gli è propria ed abituale, mi rispose: Caro Alcibiade, tu risichi realmente di non essere un dappoco, se mai è vero ciò che dici di me, e se c'è in me un potere, per il quale tu possa divenir migliore. Tu avresti così scorto in me una bellezza irresistibile e

____

(1) La locuzione è tolta dal linguaggio dei misteri.

molto, ma molto superiore alla tua leggiadria. Cosicchè, se tu, scorgendola, tenti d'accomunarti con me e barattare bellezza per bellezza, ti proponi di fare a mie spese un guadagno tutt'altro che insignificante, anzi in luogo dell'apparenza cerchi d'acquistare la verità del bello e pensi di scambiare veramente ferro con oro (1). Ma, beato amico, rifletti meglio, se non t'inganni a partito sul conto mio. Bada: gli occhi della mente vanno diventando più acuti a misura che quelli del corpo perdono del loro vigore, e tu sei ancora lontano da questo momento.

Ed io, udendo ciò, dissi: La mia idea è questa, e non ho detto niente di diverso da quel che penso. Quanto a te, considera quel che ti sembra il meglio nel tuo e nel mio interesse.

Ma sì, ben detto! rispose. Difatti non mancherà tempo per ripensarci e fare quel che ci parrà meglio nell'interesse di tutt'e due, così in questa, come in ogni altra faccenda.

Ora io, dopo d'aver detto e udito queste parole e avergli tirato quelle frecciate, lo credetti ferito. E levatomi dal mio posto e senza più dargli tempo di dir nulla, gli gettai addosso il mio mantello, proprio questo qui — era anche allora d'inverno — e mi rannicchiai sotto la mantellina logora di costui, e gettate le braccia al collo di quest'uomo veramente divino e meraviglioso, me ne stetti a giacere accanto a lui l'intera notte. E nemmeno in questo, Socrate, dirai che mentisco. Ebbene, nonostante che io avessi fatto tutto questo, egli si mostrò di tanto superiore e tenne così a vile e sprezzò tanto la mia bellezza e la vilipese a tal punto — eppure io credevo che qualcosa valesse, o giudici, perchè voi ora siete giudici della superbia di Socrate... ebbene ve lo giuro per tutti gli dei e per tutte le dee, dopo d'aver dormito accanto a Socrate l'intera notte, mi levai, nè più nè meno, che come se avessi dormito con mio padre o con un mio fratello maggiore.

---

(1) Allusione al cambio delle armi fra Glauco e Diomede; cf. *Il.* VI 234 sgg.

XXXV. — E dopo ciò, quale credete che fosse il mio animo? Da un canto mi vedevo disprezzato, e dall'altro ammiravo l'indole, la temperanza e la fortezza di costui, io che m'ero imbattuto in un uomo tale, come non credevo mai di poter incontrare il simile per senno e per forza d'animo. Cosicchè non riuscivo nè ad adirarmi con lui e rinunziare alla sua compagnia, nè a trovar la via per attirarmelo. Ben sapevo che al danaro egli era da, ogni parte assai più invulnerabile che Aiace al ferro, e il solo mezzo, per cui credevo di poterlo prendere, m'era sfuggito di mano. E così, a corto d'espedienti e asservito da quest'uomo, come nessuno da nessun altro al mondo, io gli giravo sempre dattorno.

Questi casi m'erano già seguiti, quando più tardi facemmo insieme la campagna di Potidea (1) ed eravamo compagni di mensa. Ebbene, innanzi tutto, nelle fatiche egli vinceva non solo me, ma anche tutti gli altri. Allorchè, in qualche luogo, come spesso capita in guerra, eravamo costretti a patir la fame, gli altri, nel resistervi, appetto a lui non valevano uno zero, mentre poi nei momenti di scialo, era il solo che sapesse goderne, e senza esser proclive al bere, quando v'era costretto, superava tutti, e, cosa anche più sorprendente, non c'è nessuno che abbia mai visto Socrate ubriaco. E di ciò penso che ne avrete ben presto la prova. Quanto poi a sopportare il freddo — e lassù i freddi sono terribili — faceva cose inverosimili, e perfino a volte, mentre c'eran delle gelate da non si dire, e tutti o non mettevano il naso fuori o si coprivano fino alla cima dei capelli e calzavano scarpe e s'avvolgevano le gambe in feltri e pellicce, costui, con un tempaccio di quella sorta, se n'usciva coperto della sua mantellina abituale, e scalzo camminava sul ghiaccio meglio degli altri calzati, e i soldati lo guardavan di traverso, perchè pensavano che egli li disprezzasse.

---

(1) Potidea, colonia di Corinto nella penisola di Pallene, era alleata degli Ateniesi. Ma nel 431 a. C., con l'aiuto dei Corinti e di Perdicca re di Macedonia, si ribellò, e non fu ridotta all'obbedienza, se non dopo una campagna e un assedio durati fino al 429 a. C.

XXXVI. — E questi, non c'è che dire, son fatti. Ma

> quello che poi fece e sostenne il fortissimo uomo (1)

lì. una volta, durante quella spedizione, mette conto d'essere udito. Assorto in qualche pensiero stette in piedi nello stesso posto a meditare sin dalle prime ore del mattino, e poichè non ne veniva a capo, non si moveva, ma rimaneva lì fermo a meditare. Era già mezzodì, la gente lo notava e diceva: « Socrate è lì inchiodato a pensare da stamani per tempo. » Finalmente alcuni Ioni, sopravvenuta la sera, dopo d'aver cenato — era d'estate — portaron fuori i loro pagliericci; e mentre si mettevano a dormire al fresco, seguitavano a tenerlo d'occhio per vedere, se ci fosse rimasto anche la notte. Ed egli ci rimase fermo sino all'alba e allo spuntare del sole poi fece la sua preghiera al sole e andò via.

Ora, se volete, nelle battaglie — perchè è giusto rendergli questo merito... quando avvenne quella battaglia, in cui i generali dettero a me anche il premio del valore, nessun altro mi trasse in salvo se non costui, che non volle abbandonarmi ferito, e salvò insieme e le mie armi e me stesso. Ed io anche allora, Socrate, insistetti presso i generali, perchè il premio fosse attribuito a te, e in questo non mi moverai rimprovero, nè dirai che mentisco. Ma poichè quelli, per riguardo alla mia condizione sociale, volevano dare a me il premio, tu eri anche più insistente dei generali, perchè l'avessi piuttosto io che tu. E ancora, amici, degno di ammirazione fu il contegno di Socrate, quando l'esercito si ritirò in fuga da Delio (2). Io c'ero 221 tra' cavalieri, lui tra gli opliti. Nello scompiglio generale egli si ritirava insieme con Lachete (3). Io sopraggiungo, e come li vedo, li esorto a farsi animo, e di coloro che non

---

(1) È un verso omerico leggermente modificato; cf. *Od.* IV 242.

(2) La battaglia di Delio in Beozia, dove gli Ateniesi furono sconfitti dai Tebani, accadde nel 424 a. C.

(3) Era un bravo generale ateniese, di poco più vecchio di Socrate, che morì in battaglia nel 418 a. C. Da lui prese nome uno dei dialoghi platonici.

li abbandonerò. E qui ammirai Socrate anche più che a Potidea — giacchè io stesso avevo meno paura, perchè stavo a cavallo — in prima, di quanto egli fosse superiore a Lachete per la padronanza di sè, e poi mi pareva — mi servo delle tue parole, Aristofane — che egli camminasse lì come qui, con aria spavalda, gittando gli occhi a destra e a sinistra (1), squadrando calmo amici e nemici e mostrando chiaro a tutti, anche di lontano, che se qualcuno lo avesse toccato, egli si sarebbe difeso con la maggiore bravura. E così se n'andava via con gran sicurezza, egli e l'amico. Perchè quelli che in guerra mostran questo contegno, quasi quasi non li toccano neppure, ma danno addosso a chi scappa a gambe levate.

Certo, di Socrate ci sarebbero da lodare molti altri lati, e non meno ammirevoli. Però d'altre qualità si può forse dir lo stesso anche per altri, ma quel non essere simile a nessun altro uomo, così tra gli antichi come tra' presenti, questo è soprattutto ammirevole. Ad Achille, per esempio, possiamo paragonar Brásida (2) e qualche altro, e Pericle a Nestore e ad Antenore (3) — e ce n'è parecchi — e così potremmo trovare dei confronti per altri. Ma un uomo che sia stato per originalità come costui, e lui e i suoi discorsi, nessuno non lo troverebbe nemmeno a un dipresso, per quanto cercasse, nè tra i presenti, nè tra gli antichi, a meno che non lo paragoni a quelli che dicevo, a nessun uomo, ma ai Sileni e ai Satiri, lui e i suoi discorsi.

XXXVII. — Giacchè, a proposito, anche questo ho dimenticato di dirvi da principio, che anche i suoi discorsi sono in tutto simili ai Sileni che s'aprono. Infatti, se uno volesse prestare orecchio ai discorsi di Socrate, gli par-

---

(1) Allusione al v. 362 delle ' N u v o l e '.

(2) Brasida, morto giovanissimo nel 422 a. C. in una famosa battaglia, nella quale inflisse una terribile rotta agli Ateniesi presso Anfipoli, colonia attica sullo Strimone in Tracia da lui tolta ai suoi fondatori, fu uno dei più eroici e magnanimi generali spartani.

(3) Antenore, eroe troiano, che si distingueva per la sua prudenza, come per prudenza e valore si distingueva Nestore tra' Greci.

rebbero addirittura ridicoli a prima giunta; tali sono le parole e le frasi di cui si rivestono, pelle di satiro burlone: non discorre che d'asini da soma e di fabbri e di calzolai e di conciapelli, e par che dica sempre le stesse cose con le stesse parole, sicchè qualunque persona ignorante e sciocca può ridere dei discorsi di lui. Ma chi per caso li 222 veda aperti e vi s'addentri, prima di tutto li troverà i soli discorsi che entro di sè abbiano una mente, e poi divinissimi e pieni d'innumerevoli simulacri di virtù, tendenti ad altissimi fini, o, per dir meglio, tendenti a tutto quello a cui deve mirare chiunque voglia essere un uomo veramente ammodo.

Questo, amici, è il mio elogio di Socrate. E d'altronde, mescolandovi anche le accuse, v'ho detto in che egli mi offese. Del resto egli non s'è condotto a questo modo soltanto con me, ma e con Cármide di Glaucone (1) e con Eutidemo di Díocle (2) e con moltissimi altri, dei quali si fingeva l'amante, e ne divenne piuttosto l'amato. E perciò appunto avverto anche te, Agatone, di non lasciarti abbindolare da costui, ma, ammaestrato dai nostri casi, sta' in guardia e non imparare, secondo il proverbio, come uno sciocco, a proprie spese (3).

XXXVIII. — Quando Alcibiade finì di discorrere tutti, al dire d'Aristodemo, scoppiarono in una grande risata per la franchezza di lui, chè si mostrava tuttora innamorato di Socrate. E Socrate osservò: Alcibiade, tu non sei, mi pare, niente affatto ubriaco, altrimenti non avresti potuto, rigirando con tanta abilità il tuo discorso, nasconder lo scopo di tutto quello che hai detto, e che hai poi accennato di straforo in fine di esso, quasi che non avessi parlato unicamente per questo: per metter

---

(1) Cármide era zio di Platone dal lato materno. Nel dialogo intitolato da lui ci è dipinto come bello della persona e d'animo aperto agli studi filosofici. Aristocratico e partigiano dell'aristocrazia, cadde nel combattimento in seguito al quale fu rovesciato il governo dei Trenta tiranni.

(2) Eutidemo di Díocle era un giovane ammiratore di Socrate da non confondere col sofista omonimo da cui s'intitola un dialogo platonico.

(3) Accenno ad un proverbio che troviamo già sotto varie forme in Omero e in Esiodo.

male tra me e Agatone, perchè ti sei fitto in mente che io devo amare te e nessun altro, e Agatone dev'essere amato da te e da nessun altro. Ma ti sei tradito, e tutti hanno visto a che mira codesto tuo drama satiresco e silenico. Senonchè, caro Agatone, procuriamo che egli non se ne giovi punto, ma fa' in modo che nessuno metta male tra me e te.

E Agatone: Socrate, in fede mia, hai ben ragione, mi pare. E lo argomento dal fatto ch'egli s'è venuto a sdraiare in mezzo tra me e te per tenerci separati. Ma non ne caverà nulla, anzi io verrò a sdraiarmi accanto a te.

Benissimo, rispose Socrate, vieni qui, alla mia destra.

O Zeus, disse Alcibiade, che mi tocca di soffrire da quest'uomo! Vuol sempre e ad ogni costo sopraffarmi. Ma, se non altro, mirabile uomo, lascia che Agatone resti almeno fra noi due.

Impossibile, riprese Socrate. Tu hai lodato me, io, a mia volta, devo lodare chi mi sta a destra. Se Agatone si sdraierà dopo di te, non dovrà egli lodare nuovamente me piuttosto che esser lodato da me? Ma via, non insistere, divino amico, e non invidiare a questo giovane le lodi che voglio farne, perchè sono impaziente di tesserne l'elogio.

Ahi! Ahi! Alcibiade, disse Agatone. Non c'è verso che io resti qui; cambierò posto ad ogni modo per avere le lodi di Socrate.

Ed eccoci alle solite! Dov'è Socrate, è impossibile che un altro goda delle belle persone. Vedete ora che pretesto opportuno e plausibile ha saputo trovare, perchè Agatone vada a mettersi accanto a lui!

XXXIX. — A questo punto, dunque, Agatone si levò per andare a sdraiarsi a lato a Socrate. Ma, ad un tratto, una numerosa brigata di nottambuli avvinazzati giunse davanti alla porta, e trovatala aperta, perchè qualcuno era uscito, si cacciò nella sala e prese posto a tavola. Allora il chiasso divenne incredibile, e tutti, senz'alcuna regola, furon costretti a bere disperatamente. Erissímaco, Fedro e qualche altro, diceva Aristodemo, andaron via; egli fu preso dal sonno, e rimase un gran

tratto a dormire, perchè le notti eran lunghe, nè si
destò, se non all'alba, al canto dei galli. E destatosi,
vide che gli altri o dormivano o se ne erano andati;
soltanto Agatone, Aristofane e Socrate rimanevano ancora desti e bevevano, l'un dopo l'altro verso destra, da
una gran tazza, e Socrate discorreva con loro. Di che
precisamente ragionassero, Aristofane non ricordava —
perchè non aveva sentito il principio, ed era tutto asson-
nato — ma in sostanza, al dire d'Aristodemo, Socrate
li sforzava a convenire, che s'appartiene allo stesso uomo
il saper comporre tragedie e comedie, e chi per virtù
d'arte è poeta tragico, dev'essere anche poeta comico.
Costretti a convenirne e seguendo a fatica il discorso,
cominciarono a sonnecchiare, e prima cadde addormen-
tato Aristofane, poi, allo spuntar del giorno, Agatone.
E allora Socrate, messi a dormire quei due, si levò e
andò via, seguito, come al solito, da lui. Andato al Liceo (1)
si lavò, vi si trattenne, come d'ordinario, tutta la giornata, e dopo, sull'imbrunire, tornò a casa a riposare.

---

(1) Il Liceo era uno dei tre ginnasî d'Atene (gli altri due erano l'Accademia, dove insegnò Platone e il Cinosarge dove insegnò Antistene, fondatore della setta filosofica dei Cinici), posto ad oriente della città e scelto
più tardi da Aristotele a sede della sua scuola.